Original title: AHORA O NUNCA
© 2018, Marc Grañó
© 2018, Penguin Random House Grupo Editorial, S.A.U.
Travessera de Gràcia, 47-49, Barcelona 08021

이 책의 한국어판 저작권은 Icarias Agency를 통해 Penguin Random House Grupo Editoria 과
독점 계약한 청어람미디어에 있습니다. 저작권법에 의해 한국 내에서 보호를 받는 저작물이므로
무단전재와 복제를 금합니다.

미래를 위한 지구 한 바퀴

호기심 많은 북극여우와 함께 떠나는 환경 탐험

마르크 그라뇨 지음
성소희 옮김

청어람 아이

미래를 위한 지구 한 바퀴
호기심 많은 북극여우와 함께 떠나는 환경 탐험

1판 1쇄 찍은날 2019년 9월 18일
1판 7쇄 펴낸날 2023년 11월 15일

지은이 마르크 그라뇨 | 옮긴이 성소희
펴낸이 정종호 | 펴낸곳 (주)청어람미디어(청어람아이)
편집 박세희 | 마케팅 강유은 | 제작·관리 정수진 | 인쇄·제본 (주)성신미디어
등록 1998년 12월 8일 제22-1469호
주소 04045 서울특별시 마포구 양화로56(서교동, 동양한강트레벨) 1122호
전화 02-3143-4006~8 | 팩스 02-3143-4003
ISBN 979-11-5871-114-6 73450

잘못된 책은 구입하신 서점에서 바꾸어 드립니다. 값은 뒤표지에 있습니다.

품명: 아동도서 | 사용연령: 10세 이상 | 제조국명: 대한민국 | 제조년월: 2023년 11월 | 제조자명: 청어람미디어
주소: 04045 서울특별시 마포구 양화로56(서교동, 동양한강트레벨) 1122호 | 전화번호: 02-3143-4006
종이에 베이거나 긁히지 않도록 조심하세요. 책 모서리가 날카로우니 던지거나 떨어뜨리지 마세요.
KC마크는 이 제품이 공통안전기준에 적합하였음을 의미합니다.

지구 환경을 보호하기 위해 노력하는
모든 이에게 감사드립니다.

차례

- 들어가며 … 9
- 1장 지구의 생명 … 14
- 2장 숲속 세계 … 38
- 3장 바다 세상 … 70
- 4장 얼음 나라 … 102
- 5장 지구를 구하는 방법 … 132
- 이야기를 마치며 … 158

들어가며

    친구들 안녕? 만나서 반가워. 보다시피 나는 조금 특별한 동물이야. 그래, 위에 있는 그림 속 동물이 바로 나야. 내가 어떤 동물인지 맞혀 보겠니? 힌트를 몇 개 줄게. 나는 귀가 뾰족하고 주둥이가 길쭉하고 털이 아주 부드러워. 그리고 자세히 살펴보면 꼬리가 복슬복슬하단다. 이제 누군지 알겠니? 맞아! 나는 여우야. 하지만 그냥 여우가 아니지. 좋아, 힌트를 더 줄게. 나는 눈으로 덮인 곳에서 살아. 그리고 빙하를 참 좋아한단다. 그래 바로 맞혔어! 나는 북극여우야.

    나는 눈 속에 파묻혀서 뛰놀고 사냥하며 기온이 영하로 떨어지는 추운 곳에서 살아가는 걸 정말 좋아해. 사실 기온이 영하 50℃까지 내려갔을 때도 잘 견뎌냈단다. 만약 우리 친구들이 이런 곳에 온다면 담요가 얼마나 많이 필요할지 상상해 봐!

    친구들은 내가 동물이니까 아무 걱정 없이 지낸다고 생각하겠지.

내가 온종일 밥 먹고 즐겁게 놀고 눈 속을 뛰어다니는 줄 알 거야. 아, 물론 추운 곳에서 잠도 쿨쿨 자면서 말이야.

하지만 나는 그렇게 편하고 즐겁게 살 수 없어. 나는 얼마 전에 우리 북극여우가 멸종 위기에 처했다는 사실을 알게 됐어. 그건 북극여우의 수가 점점 줄어들고 있다는 뜻이야. 우리 가족과 친구 모두 걱정하고 있어. 어떻게 이런 일이 일어날 수 있지? 하지만 나는 도대체 무엇이 문제인지 잘 모르겠어.

사람들은 여우가 굉장히 똑똑하고 꾀가 많다고 말하지. 나도 그렇게 생각해. 게다가 나는 호기심도 아주 많고 무엇이든 꼼꼼하게 살펴본단다. 그래서 갈수록 날씨가 더워지고 있다는 사실을 오래전에 눈치챘어.

무더운 날이 찾아오면 우리 친구들은 즐거울 거야. 방학을 맞아 바닷가로 떠나고 다른 친구들과 즐겁게 놀 수 있잖아. 하지만 북극여우나 북극곰, 펭귄, 물개처럼 추운 곳에서 살아가는 동물에게 더운 날씨는 나쁜 소식이야.

만약 기온이 올라가면 우리가 온몸에 두르고 있는 털이 갑갑하고 불편해져. 또 겨울잠을 잘 시간도 줄어들고 더 추운 곳으로 옮겨 가느라 원래 집을 떠날 수밖에 없어. 그런데 갈수록 더워지고 있어!

도대체 왜 이런 일이 생기는 걸까? 나는 무엇이 문제인지 알아보겠다고 오래전에 마음먹었단다. 하지만 나는 그저 여우일 뿐이잖아. 그래서 과학자인 푸르미 박사님께 도와 달라고 부탁을 드렸지. 그런데 박사님은 내가 잘 모르는 단어를 알려 주셨어. 바로 **기후 변화**라는 말이었어.

"그래, 기후 변화가 문제란다 여우야." 박사님이 안경을 고쳐 쓰며 말씀하셨어.

우리 친구들은 기후 변화에 관한 이야기를 분명히 들어보았겠지. 기후 변화는 지구가 점점 뜨거워지는 상황을 가리키는 말이야. 그리고 이렇게 지구가 계속 뜨거워지면 끔찍한 일이 벌어진대. 박사님은 여러 그래프와 숫자, 보고서, 공식을 보여주셨어……. 하지만 나는 여우라서 그래프나 숫자가 낯설어. 너무 어렵잖아! 그러자 박사님이 내게 기후 변화를 제대로 설명해 줄 멋진 방법을 떠올리셨어. 바로 여행을 떠나는 거야. 그래서 맨 처음에 무엇이 문제였는지부터 살펴보는 거지.

어쩌면 우리 친구들은 조금 더 더워지더라도 별로 문제가 되지 않는다고 생각할지 몰라. 하지만 사실 기후 변화는 정말로 심각한 문제야. 그리고 인간은 이 문제에 책임이 아주 크단다.

"우리는 모두 지구에서 더불어 살아가." 박사님이 계속 설명하셨어.

"그래서 우리 모두 지구를 지켜야 해. 여우야, 나와 함께 여행을 떠나자. 그러면 지구를 구할 수 있을 거야."

그런데 우리가 여행하려면 탈것이 필요했어. 그래서 푸르미 박사님이 굉장히 멋진 발명품을 생각해 내셨어. 바로 **기후 자전거**야.

박사님이 생각한 자전거는 안전하고 깨끗해서 자연환경을 해치지 않아. 게다가 특별한 장치가 달려 있어서 기후 변화가 더 심각한 곳을 알아낼 수도 있고, 버튼만 누르면 가고 싶은 곳으로 곧장 갈 수도 있단다.

푸르미 박사님은 자전거를 만들며 여행을 준비하셨고 마침내 출발할 순간이 다가왔어.

"준비는 끝났어, 여우야." 박사님이 말씀하셨어. "필요한 장치를 만들고 여행할 곳들의 주소도 입력했어. 이제 떠나기만 하면 돼."

나는 킁킁거리며 자전거 냄새를 맡아 봤어. 이런 자전거는 단 한 번도 본 적이 없어서 안심하고 타도 될지 믿을 수가 없었어.

"여우야, 그렇게 생각만 하고 있으면 우리는 아무 데도 가지 못할 거야."

맞는 말이야. 나는 폴짝 뛰어서 나만의 특별한 자리로 올라갔어. 우리는 이제 여행을 시작할 거야. 첫 번째 목적지는 **대기권**이란다.

우리가 자전거에 올라타자 푸르미 박사님이 버튼을 몇 개 누르셨어. 그러자 아주 커다란 거품이 생겨서 우리를 둘러싸고 보호해 줬지. 곧 자전거가 하늘을 향해 떠올랐어.

"하늘로 출발!" 박사님이 소리치셨어.

나는 눈을 꼭 감았어. 이제까지 한 번도 날아 본 적이 없어서 높은 곳으로 가면 겁이 날지도 몰랐거든. 게다가 정말로 무서울지 아닐지 용감하게 확인해 볼 수도 없었어.

"여우야 눈을 떠 봐! 눈부신 장면을 다 놓치고 있잖아."

용기를 내어 한쪽 눈만 살짝 떴지. 경치가 정말이지 아름다웠단다. 숲과 바다, 산이 내려다보였어. 우리가 올라갈수록 땅 위의 풍경이 전부 점점 작아졌어.

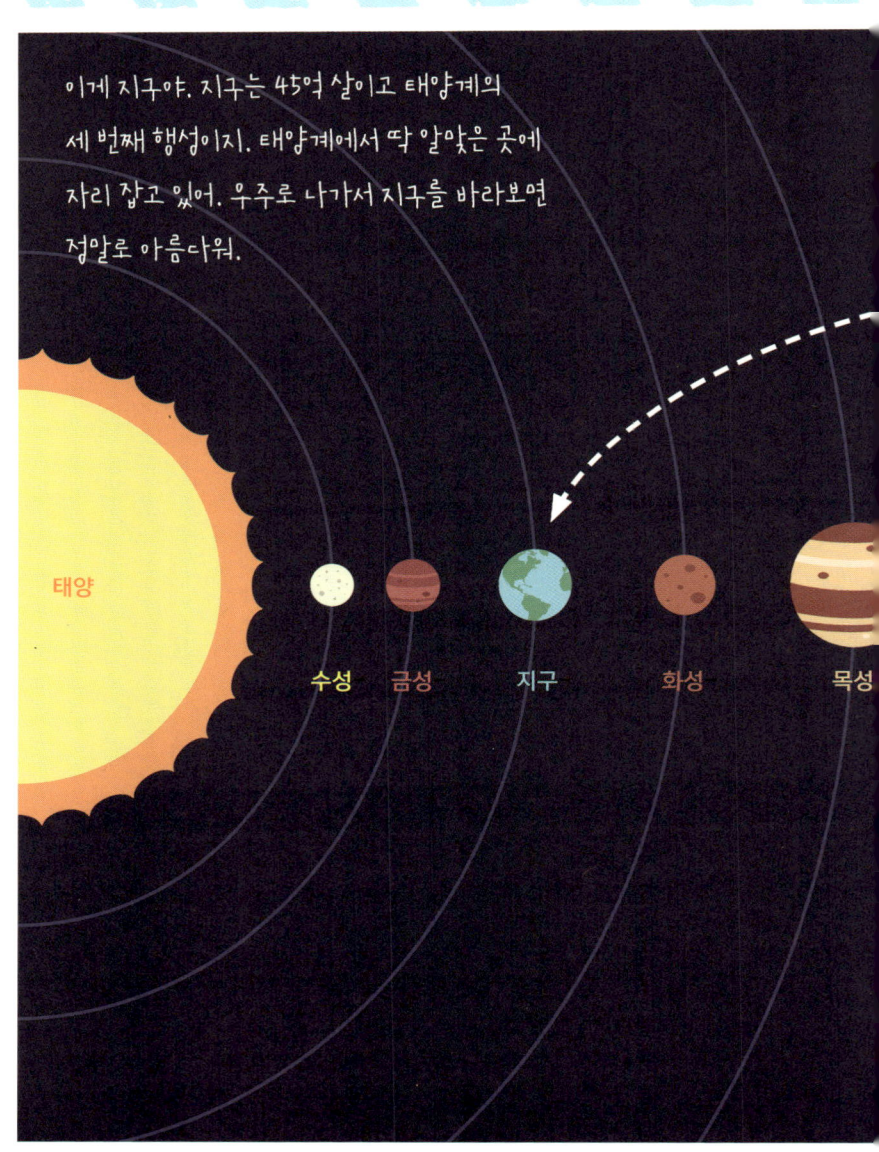

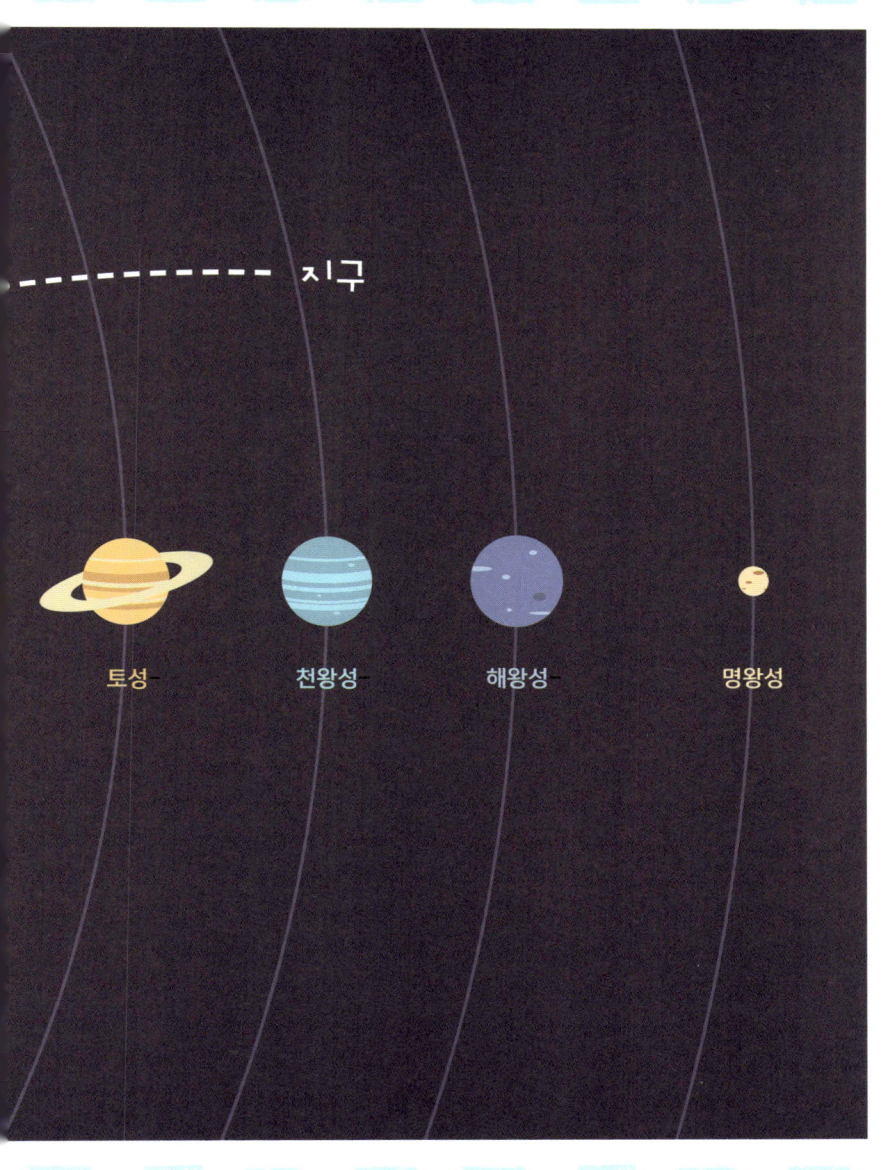

"박사님, 대기권이 뭐예요?" 나는 대기권이라는 말은 들어 봤지만 그게 무엇인지는 몰랐어.

"대기권은 지구를 둘러싸고 지켜주는 공기층이란다." 박사님이 설명해 주셨지만 잘 이해가 되지 않았어. 그런데 그게 얼굴에 다 드러났나 봐. "그러면 먼저 이야기를 하나 들려줄게."

"아주아주 먼 옛날에, 굉장히 가까운 은하에서 행성이 하나 만들어졌단다. 그 행성은 엄청나게 커다란 불덩어리였지. 땅은 흐물흐물 녹아 있고 가스로 가득했어. 생명은 단 하나도 찾아볼 수 없었어. 수십억 년이 흐르면서 행성은 차갑게 식었고 마침내 물과 식물, 다른 생물이 생겨났단다. 그 행성이 바로 지구야."

"지구가 불덩어리였다고요?" 박사님이 들려주신 이야기를 믿을 수가 없었어.

"그런 셈이지. 중요한 사실이 하나 있는데, 만약 대기권이 없었으면 지구는 지금과 같은 모습으로 절대 바뀌지 못했을 거야. 대기권 덕분에 우리는 산소를 마실 수 있고 음식을 먹을 수도 있고 가끔 목욕도 할 수 있단다."

"대기권은 무엇으로부터 우리를 보호해 주나요?"

"정말 많은 것들을 보호해! 대기권은 아주 두껍고 여러 층으로 나뉘어 있어. 각 층은 서로 다른 물질이 지구로 들어오지 못하도록 막아 준단다."

나는 대기권이 어떤 모습일지 상상해 봤어. 대기권의 각 층을 한 번도 본 적이 없었거든.

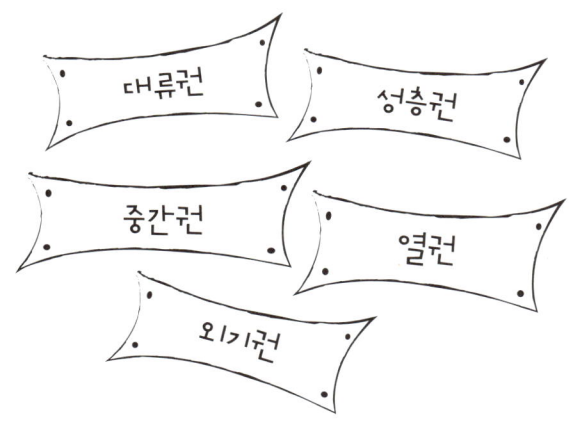

"그러면 대기권의 각 층은 무엇으로 만들어졌나요?"

박사님은 눈을 크게 뜨고 미소 지으셨어.

"정말 좋은 질문이구나!" 그리고 버튼을 하나 누르셨어. 그러자 자전거 전조등에서 그림이 흘러나와 공중에 비쳤어. "대기권에는 질소와 산소, 탄소 입자가 있단다. 우리를 에워싸고 있는 공기 중에 전부 둥둥 떠 있지."

"하지만 하나도 보이지 않는걸요."

대류권: 대류권은 생명이 살 수 있는 생물권이야. 기온이 가장 낮은 곳은 영하 70℃란다.

성층권: 성층권에는 태양의 자외선으로부터 우리를 지켜 주는 오존층이 있어. 성층권에서 기온이 가장 낮은 곳은 영하 50℃야.

중간권: 대기권에서 가장 추운 곳이야. 기온이 영하 80℃까지 내려가. 중간권 덕분에 우리는 별똥별을 볼 수 있어.

열권: 이곳은 대기 가스가 모여 있어서 대기권에서 가장 뜨거워. 기온이 1,500℃까지 올라가기도 해.

외기권: 대기권의 가장 바깥에 있어.

박사님이 웃으시더니 내 머리를 쓰다듬어 주셨어.

"당연히 안 보이지! 아주 작거든." 박사님은 자전거에서 흘러나온 그림을 가리키며 말씀하셨어. "잘 보렴."

공기 입자

수소

우주를 구성하는 성분 중에 가장 흔해. 우주의 88%가 수소야. 사람 몸의 63%도 수소란다. 수소는 물의 성분이기도 해. 물 원소 기호 'H_2O'에서 'H'가 수소를 가리켜. 수소는 다른 성분과 만나서 새로운 물질을 만들기도 해.

산소

지구에서 가장 많아. 우리 몸속 세포도 산소가 필요해.

탄소

생명체를 만드는 데 가장 중요한 성분 중 하나란다. 예를 들어 식물이 광합성을 할 때 탄소가 필요해. 탄소로 만들 수 있는 화합물은 2,000만 개가 넘어. 또 철강 산업에서도 탄소를 많이 활용해. 하는 일이 참 많지!

내가 그림을 바라보자 박사님이 계속 설명하셨어.

"우리에게는 산소가 가장 중요하단다. 우리는 산소를 O_2라는 형태로 들이마셔."

"O_2 형태요?"

"그래. 숫자 2는 산소 조각 2개가 하나로 합쳐졌다는 뜻이야. O_2가 허파에 들어오기 때문에 우리는 숨 쉬며 살아갈 수 있지. 산소와 O_2 덕분에 생물 다양성이 이루어질 수 있어."

"생물 다양성은 뭐죠?"

내가 여쭤봤어.

"어려운 말은 아니란다." 박사님이 대답해 주셨어. "지구에는 동물과 식물이 아주 많아. 지구의 생명체는 이 모든 동물과 식물이 맺은 관계에 의지하며 살아간단다."

생물 다양성

우와! 새로운 내용이 어찌나 많은지! 나는 여우이고 공부하는 데 익숙하지 않지만, 생명이 어떻게 생겨났는지 많이 배웠어. 이런 내용을 아는 일이 참 중요하고, 또 이렇게 배워야 우리 고향의 문제를 해결하는 방법을 찾을 수 있다는 사실을 조금씩 깨닫고 있어.

"안녕? 이렇게 높은 곳에서 뭐 하니?"

나는 깜짝 놀랐어. 어디서 들리는 목소리지? 우리는 주변을 둘러봤지만, 아무것도 보이지 않았어.

"얘! 여기야! 위쪽을 봐!"

박사님과 나는 위를 올려다봤어. 자전거를 감싼 거품 위에 아주 커다란 새가 앉아서 날개로 우리에게 인사하고 있었어.

"안녕? 나는 푸르미 박사야. 여기는 북극여우란다."

"만나서 반가워! 나는 독수리야."

"어떻게 이렇게 높이 올라왔니?"

박사님이 자전거 아래를 내려다보더니 독수리에게 물어보셨어. "독수리는 이렇게 높은 곳까지 날지 않잖아."

"오, 이거 보여?" 독수리가 머리 위에 얹은 고글을 가리키며 말했어. "나는 높이 날기 기록을 깨려고 준비하고 있어. 지금은 콘도르가 챔피언이야. 하지만 내가 꼭 이길 거야."

독수리

양 날개 끝에서 끝까지의 너비: 최대 2.5m

무게: 약 7kg

독수리는 시력이 아주 좋아서 멀리서도 자그마한 쥐를 볼 수 있어.

"이야, 흥미로운걸." 내가 대답했어.

"그럼. 다른 독수리들이 나를 좀 이상하게 바라보고 또 요즘에는 그다지 높이 날지 못하고 있지만, 그래도 난 괜찮아. 나는 내가 하는 일이 좋아. 그런데 너희들은 뭐 하니? 이렇게 이상한 새를 타고 뭐 하는 거야?"

독수리가 우리 자전거를 몇 번 톡톡 치면서 말했어.

"이건 기후 자전거야. 우리는 기후 변화에 관해서 배우고 있어. 그리고……."

"기후 변화? 그러면 지구 온난화와 온실가스를 이야기하는 거구나."

"무슨 가스?" 내가 물었어. 푸르미 박사님은 내가 잘 모른다는 사실을 눈치채셨어. 박사님이 다시 독수리를 바라보셨지. 독수리는 온실가스에 관해 많이 아는 것 같았어.

"좋은 생각이 있어! 우리 집에 가서 계속 이야기하자." 독수리가 제안했어.

대기에 있는 이산화탄소는 열이 대기권 밖으로 빠져나가지 못하도록 붙잡아. 냄비 뚜껑이 점점 더 두꺼워진다고 생각해 보렴.

독수리가 '집'이라고 했을 때 바로 '둥지'를 가리킨다는 사실을 눈치 챘어야 했어. 독수리 둥지는 산속에 있었어. 둥지는 아주 높은 곳에 있어서 거대한 바위투성이 산이 다 내려다보였단다. 독수리는 우리를 대접하려고 자그마한 쥐를 잔뜩 내왔어. 쥐라면 식사로 딱 알맞지. 하지만 박사님은 손도 대지 않으려고 하셨어.

"온실가스는 태양의 열기가 지구 밖으로 빠져나가지 못하게 해." 독수리가 하늘을 가리키면서 설명했어.

"냄비 뚜껑과 비슷해." 박사님이 확실하게 알려 주셨어. "냄비 속 열기의 일부는 밖으로 빠져나가지만, 일부는 뚜껑 아래에 남아 있잖아."

"그럼 온실가스 때문에 지구가 뜨거워지는 건가요?"

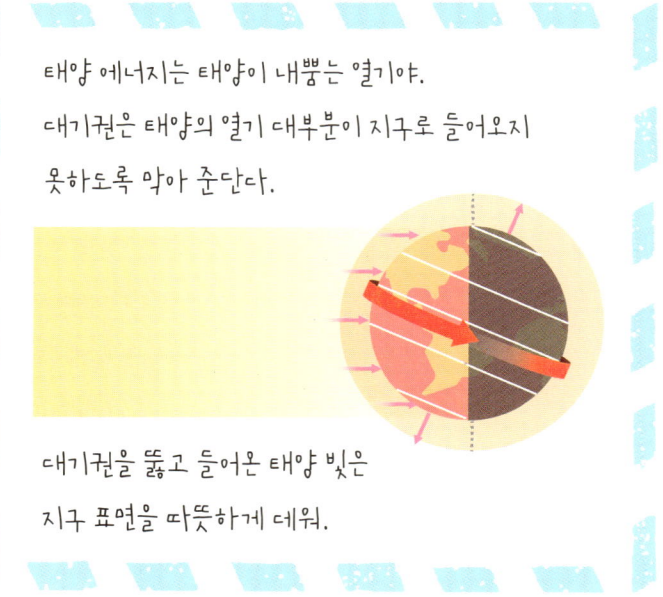

태양 에너지는 태양이 내뿜는 열기야.
대기권은 태양의 열기 대부분이 지구로 들어오지 못하도록 막아 준단다.

대기권을 뚫고 들어온 태양 빛은
지구 표면을 따뜻하게 데워.

"꼭 그렇지만은 않아." 박사님이 말씀하셨어.

"온실가스는 필요하단다." 박사님이 계속 설명해 주셨어. "만약 온실가스가 없다면 생명체가 지구에서 살아갈 수 없을 거야."

나는 박사님을 바라봤어. 그 말이 아주 흥미로웠거든.

"식물도, 동물도 살 수 없고 물도 사라질 거야……. 전부 꽁꽁 얼어붙겠지! 온실가스는 열을 지켜 주는 일만 하는 게 아니야. 어떤 온실가스는 태양 빛으로부터 우리 피부를 보호한단다. 오존이 그런 일을 하지."

나는 박사님에게서 눈을 떼지 못하고 계속 이야기에 귀를 기울일 수밖에 없었어. 온실가스는 필요하면서도 위험해 보였어.

"우와." 나는 호기심이 일어서 귀를 쫑긋 세웠어.

오존(O_3)은 산소 입자 3개로 이루어져 있어. 오존층은 태양열 중에 더 해로운 열이 지구로 들어오지 못하도록 막아 줘. 하지만 우리가 살아가는 데 필요한 태양 빛은 지구로 들어가도록 해준단다.

"그러면 온실가스는 위험한가요, 위험하지 않은가요?"

"그건 상황에 따라 다르단다." 박사님이 대답하셨어. "만약 온실가스가 너무 두껍게 쌓이면 지구는 지나치게 뜨거워질 거야."

"더 두꺼워진다고요?" 그 말이 참 이상하게 들렸어. "어떻게 온실가스가 더 두껍게 쌓일 수 있나요?"

"인간이 하는 일 때문이지." 독수리가 커다란 날개로 푸르미 박사님을 가리키면서 대답했어. "나쁜 뜻으로 한 말은 아니야."

"괜찮아." 박사님은 안경을 닦으셨어. "**공장에서 내뿜는 매연**과 **자동차**, **화석 연료** 때문에 대기권에 온실가스가 많이 쌓였어."

"그러니까……." 마침내 내가 말했어. "열기가 빠져나가지 못해서 지구가 점점 더워진다는 말이네요."

"바로 그거야."

하지만 여전히 분명하게 이해할 수 없는 내용도 있었어.

"인간은 왜 그러는 거죠?" 내가 박사님께 물어봤어.

"나도 왜 그런지 고민해봤단다." 박사님이 말씀하셨어. "사람은 살아가려면 에너지가 많이 필요해."

"에너지?" 독수리가 날개를 펼쳤어.

"사람은 휘발유를 사용해서 자동차를 몰고, 석탄을 사용해서 전기를 만들고, 공장을 세워서 거의 모든 물건을 만든단다. 그 과정에서 대기에 **이산화탄소**를 내뿜지. 이산화탄소는 공기를 오염시키는 공해 가스 중 하나야."

자전거 전조등에서 흘러나온 그림 덕분에 나는 에너지에 대해 이해할 수 있었고 사람이 왜 에너지를 쓰는지도 깨달았어. 참 이상했어.

온실가스

원래 지구에 있는 온실가스는 지구 열기의 일부가 빠져나가지 않도록 지켜 줘.

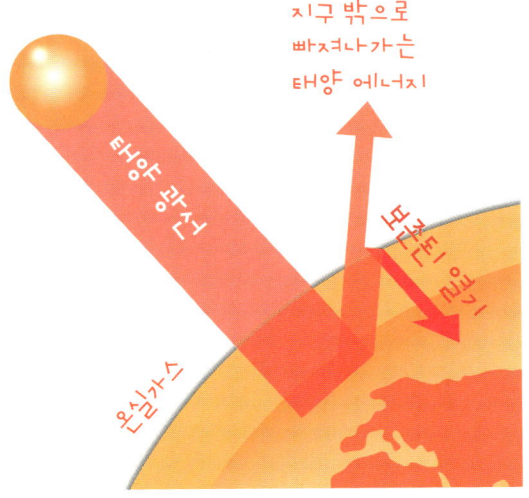

공장이 환경을 오염시켜서 온실가스가 더 두껍게 쌓이고 지구가 점점 뜨거워지고 있어. 이 문제를 해결하지 않으면 모두가 위험해질 수 있어.

"무서운 일이야." 독수리가 말했어. "나는 날개를 움직여서 필요한 에너지를 얻을 수 있어. 하지만 아무것도 오염시키지 않아."

"더 끔찍한 사실이 있어. 이산화탄소는 다른 온실가스에도 영향을 미친단다." 박사님이 덧붙이셨어.

"그게 무슨 말이죠?" 내가 질문했어.

"예를 들면, 이산화탄소는 오존에 영향을 미쳐." 박사님이 자전거 손잡이에 달린 버튼을 두 개 누르시자 다른 그림이 나왔어. "이산화탄소 때문에 오존층에 구멍이 생긴단다."

오존층에 생기는 구멍

오존층에 구멍이 생기면 해로운 태양 에너지가 지구로 들어와. 이 태양 에너지는 정말로 위험해. 오존층에 구멍이 나는 가장 큰 이유는 바로 공해야.

"그러면 지구가 훨씬 더 뜨거워지겠네." 독수리가 슬프게 고개를 떨구면서 말을 보탰어.

"이제 왜 우리 고향이 녹고 있는지 알겠어요." 내가 말했어.

"그러면 온난화를 막을 수는 없나요? 사람들은 뭔가 해보려고 하지 않나요?"

"사람들은 지구 온난화를 멈춰 보려고 계획을 많이 세웠어. 교토 의정서도 그중 하나야."

"의정서가 뭐지?" 독수리가 물었어.

"교토 의정서는 오염을 줄이려고 세계 여러 나라끼리 맺은 약속이야." 박사님이 설명해 주셨어. "지구의 온도를 2℃ 낮추려는 목표를 세웠지."

나는 깜짝 놀라서 귀를 쫑긋 세웠어.

"그럼 성공했나요?" 내가 물어보았지.

"아니." 박사님이 말씀하셨어. "결국 다들 자기가 원하는 대로만 행동했거든."

나는 실망해서 다시 귀를 축 늘어뜨렸어. 무엇보다도 사람들은 어떻게 약속을 맺고 지켜야 하는지 잘 모른다는 사실을 깨달았어. 사람은 똑똑해 보였는데 말이야.

"하지만 너무 실망하지 마!" 박사님이 내 귀 뒤쪽을 쓰다듬으며 말씀하셨어. "지구 온난화를 막으려고 다른 계획도 많이 세웠단다. 예를 들어, **재생 가능한 에너지 자원**이라는 게 있어. 이 에너지 자원을 사용하면 연료를 태우지 않고도 에너지를 얻을 수 있단다. 그리고 오염도 일어나지 않아."

"어떻게 오염 없이 에너지를 얻을 수 있죠?" 내가 여쭤보았어.

"음, 태양 빛을 이용하거나 바람의 힘을 이용할 수 있어. 여기 높은 곳에서 나는 독수리도 바람을 이용해."

맞아. 산에는 바람이 많이 불어. 독수리는 편안하게 있지만, 박사님과 나는 눈을 계속 뜨고 있는 것도 어려울 지경이야.

"좋아." 독수리가 말했어. "사람들이 제대로 준비해서 잘 해내기를 바라. 나는 가끔 연기와 먼지가 가득 낀 구름 사이를 날아다니는데 그런 곳에서는 아무도 숨 쉴 수 없을 거야."

재생 가능한 자원

대기권으로 내뿜는 온실가스를 줄이는 방법은 재생 가능한 에너지 자원을 사용하는 거야.

태양이나 물, 바람 에너지를 사용하면 온실가스를 줄일 수 있어. 그러면 지구의 온도도 낮출 수 있을 거야.

"안타깝게도 인간이 환경을 오염시킨 탓에 수많은 동물과 식물이 사라지기도 해." 박사님이 계속 설명하셨어.

멸종한 동물

인간이 자연환경을 망가뜨려서 수많은 동물이 사라졌어.

나는 너무 슬퍼서 귀를 축 늘어뜨렸어.

"인간은 정말 똑똑해." 독수리가 조금 짜증을 내며 끼어들었어.

"그런데 가끔은 너무 똑똑해서 가장 중요한 걸 잊어 버려. 가장 중요한 건 지구잖아. 게다가 피해를 받는 건 인간이 아니라 우리란 말이야……."

"이봐, 사람이라고 모두 다 환경을 오염시키는 건 아니야." 박사님이 대꾸하셨어. 박사님의 얼굴이 조금 붉어졌어. "나는 환경을 보호하려고 열심히 연구하고 있어. 하지만 상황을 바꾸는 일은 그렇게 간단하지 않아."

푸르미 박사님은 자전거 전조등으로 띄운 그림만 바라보셨어. 박사님 얼굴이 완전히 빨갛게 변했지. 나는 귀를 쫑긋 세웠어. 독수리는 박사님을 가만히 바라보았어.

"환경 보호를 위해서 노력하는 단체도 있어." 박사님이 말을 이어가셨어.

"단체요?" 내가 물어봤지. "그건 뭐죠?"

"같은 목적을 가진 사람들이 함께 실천하려고 만든 모임을 가리키는 말이야." 박사님이 알려주셨어. "어떤 단체는 환경을 지키고 멸종 위기에 처한 동물을 보호하려고 노력해."

나는 박사님과 독수리와 이야기를 나누면서 풍경을 바라봤어. 우리는 로키산맥에 있었지. 박사님은 로키산맥이 아주 높다고 알려 주셨어. 하지만 안데스산맥이나 히말라야산맥보다는 낮대. 그래도 나는 세상의 꼭대기에 와 있는 것 같았어. 다행히 기후 자전거의 거품이 우리를 든든하게 감싸서 보호해 주고 있었어.

"좋아, 얘들아. 나는 이제 가야겠어. 다른 독수리들을 만나기로 했거든."

박사님은 자전거 안장에 앉으셨고 나는 나만의 특별한 자리로 올라갔어. 독수리가 공중을 쳐다보더니 고글을 다시 썼어.

"출발!" 독수리가 날개를 활짝 펼치면서 소리쳤어. "만나서 반가웠어! 많이 배워서 지구를 구해 줘."

우리도 하늘로 날아오르며 독수리와 헤어졌어.

환경 보호

환경 보호에 힘쓰는 단체가 많아.

전 세계에 있는 여러 환경 보호 단체 중에서 세계자연보전연맹(IUCN)과 세계자연기금(WWF), 그린피스가 가장 규모가 크고 힘이 있어.

멀어져 가는 독수리를 보면서 지구에 관해 배웠던 흥미로운 내용을 전부 떠올려 봤어. 또 지구를 위해 할 수 있는 일들도 생각해 봤지.

그리고 박사님을 바라봤어. 박사님은 레이더를 확인하면서 다음 목적지를 입력하고 계셨어.

"계속 가볼까요?" 내가 신나서 꼬리를 흔들며 말했어.

"가자!" 박사님도 신나서 소리치셨어. "아직 가볼 곳이 많아."

우리는 더욱 속력을 냈어.

2장
숲속 세계

우리는 몇 시간 동안 기후 자전거를 타고 날았어. 바다와 산을 건너서 마침내 숲에 도착했단다. 풀과 나무가 그렇게 많은 광경은 처음 보았어!

"저 초록빛 양탄자는 뭐예요?" 내가 아래를 내려다보면서 박사님께 질문했어.

"뭐?" 박사님이 되물으셨어. "저건 나무란다."

나는 초록색이 그렇게 많이 펼쳐져 있는 걸 한 번도 본 적이 없었어. 내가 사는 곳은 눈으로 덮여 있어서 주변에 볼 수 있는 색깔은 하얀색밖에 없거든.

"나무를 이렇게 한꺼번에 많이 볼 수 있을 줄 몰랐어요. 게다가 이렇게 나뭇잎이 많이 달린 나무도요. 우리 목적지가 여기인가요?"

"맞아." 박사님이 안경을 다시 고쳐 쓰며 말씀하셨어. "두 번째 목적

초록 별

지구를 '푸른 별'이라고도 불러. 하지만 우주로 나가서 지구를 바라보면 초록색도 많이 보인단다. 지구에는 나무가 모두 3조 그루쯤 있어. 지구에 있는 모든 사람이 감자 나무를 422그루씩 키운다고 생각하면 돼.

지에 다 왔단다. 바로 숲속 세계야."

"식물은 지구에서 수백만 년 동안 살아왔어." 박사님이 버튼을 몇 개 누르면서 설명하셨어. "식물은 우리가 지금 들이마시는 산소의 일부를 만들어 낸단다."

나는 자전거 전조등에서 흘러나온 그림을 보며 박사님의 설명을 이해했어. 하지만 식물을 더 가까이서 보고 싶었어.

"내려갈까?"

"좋아요!"

우리는 숲 한가운데에 내려앉았어. 갖가지 냄새가 코를 간지럽혔지. 나는 자전거에서 뛰어내려서 흐드러지게 핀 꽃들 사이를 빠르게 달려 나갔어.

"너무 빨리 달리지 마!" 박사님이 자전거를 타고 쫓아오며 소리치셨어. "이러다 놓치겠어!"

하지만 나는 박사님 말씀을 듣지 않았어. 덤불 사이를 달리면서 수풀 구석구석 냄새를 맡았어. 무척 신이 나서 이리저리로 펄쩍 뛰어올랐단다.

광합성

식물은 광합성을 통해 이산화탄소를 당분으로 바꿔. 그러면서 살아가는 데 필요한 영양분을 얻고 또 다른 생물에게 영양분을 주기도 해.
식물은 공기 중에 있는 이산화탄소를 빨아들이고 산소를 내뿜어. 광합성을 하려면 햇빛과 물도 필요하단다.

"그러면……." 내가 말했어. "식물은 대기를 깨끗하게 해주겠네요."

"맞아!" 박사님이 나를 발견하고 가까이 다가오셨어. "거기에는 뭐가 있니?"

"나무와 풀이 정말 많아요!" 내가 박사님께 돌아가면서 대답했어. "정말 뭉클해요."

나는 약간 부끄러워서 새하얀 털로 뒤덮인 얼굴이 살짝 붉어졌어.

"괜찮아!" 박사님이 안경을 밀어 올리며 말씀하셨어. "그런데 내가 말해 준 내용을 아직 기억하니?"

"식물이 산소를 만들어 낸다고 말씀하셨어요." 내가 대답했어.

"그래, 맞아!" 박사님이 자전거에 있는 버튼을 여러 개 누르시자 그림이 더 많이 흘러나왔어.

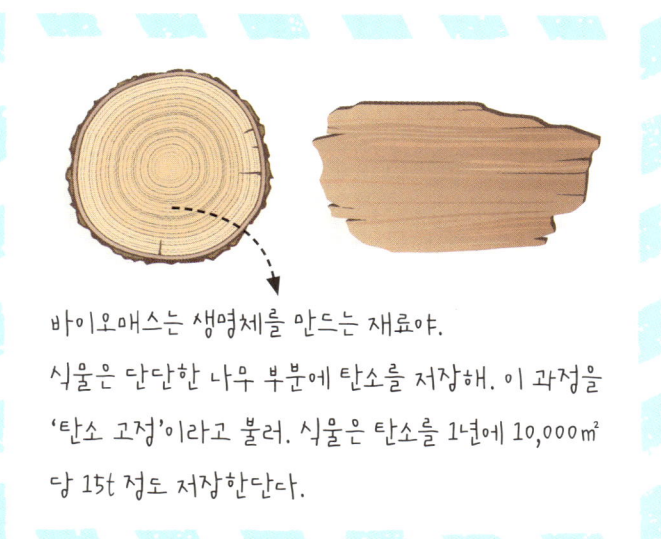

바이오매스는 생명체를 만드는 재료야.
식물은 단단한 나무 부분에 탄소를 저장해. 이 과정을 '탄소 고정'이라고 불러. 식물은 탄소를 1년에 10,000㎡당 15t 정도 저장한단다.

"식물은 산소를 만들어 내려고 이산화탄소를 빨아들여서 저장한단다. 이런 방식으로 자기 안에 바이오매스라는 에너지를 저장하지."

"바이오매스요?" 나는 그게 무슨 말인지 몰라서 여쭤봤어.

박사님은 내 주둥이를 뚫어지게 쳐다보셨어. 나는 안 보였지만 주둥이 위에 검은색과 노란색 줄무늬가 있는 곤충이 있다고 하셨어.

"꿀벌이구나!"

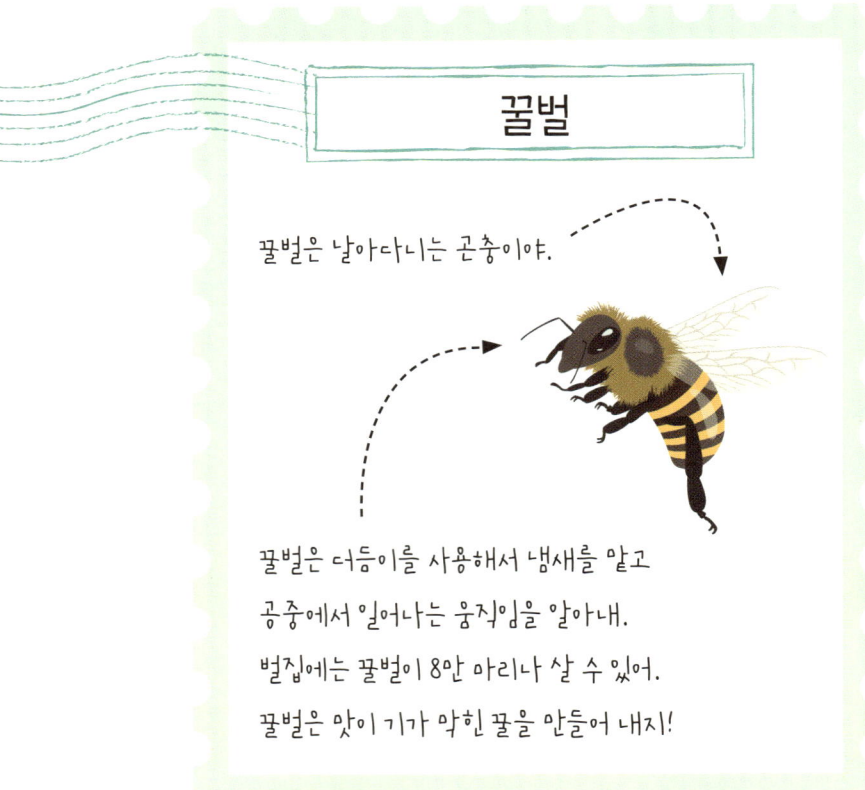

꿀벌

꿀벌은 날아다니는 곤충이야.

꿀벌은 더듬이를 사용해서 냄새를 맡고 공중에서 일어나는 움직임을 알아내. 벌집에는 꿀벌이 8만 마리나 살 수 있어. 꿀벌은 맛이 기가 막힌 꿀을 만들어 내지!

꿀벌이라는 낱말은 처음 들어봤어.

"위험한 건가요?" 내가 여쭤봤지. "쏘나요?"

"위험하다고 느끼면 침을 쏠 거야."

"그러면 죽여야겠어요."

"안 돼!" 박사님이 나를 말리셨어. "기다려."

박사님은 서둘러 자전거로 가서 조그마한 가방을 갖고 오셨어.

"자, 여기 있어." 박사님은 가방에서 숟가락을 꺼내고 물을 조금 담으셨어. "설탕물이야."

"왜 설탕물이 필요하죠?"

"꿀벌을 깨우려는 거야." 박사님이 말씀하셨어.

"왜요?" 나는 걱정스러워서 다급히 말했어. "저를 쏘면 어떡해요?"

"꿀벌은 중요하거든." 박사님이 대답하셨어.

"중요하다고요? 박사님 코가 아니라 제 코에 붙어 있으니까 그러시는 거잖아요!"

"꿀벌은 식물이 **가루받이**하도록 도와줘."

박사님은 숟가락을 들고 내 콧잔등 쪽으로 다가오셨어. 그러자 꿀벌이 설탕물을 빨아들이기 시작했어.

"됐다!" 박사님이 미소 지으며 외치셨어. "꿀벌이 깨어나고 있어. 절대 움직이지 마."

꿀벌이 내 주둥이 위에서 움직이기 시작했어. 나는 숨죽인 채 꼼짝 않고 있었어. 꿀벌을 성가시게 해서 쏘이고 싶지 않았거든. 꿀벌은 조금씩 일어서더니 날아올랐어.

꽃가루

꿀벌은 꽃가루를 찾아서 이 꽃 저 꽃으로 날아다녀.
식물은 이 꽃가루 덕분에 번식할 수 있어.
꿀벌이 꽃에 내려앉으면 꽃가루가
몸에 묻어. 그러면 꿀벌은
몸에 묻은 꽃가루를 다른 꽃에
옮겨 준단다.
이런 식으로 꿀벌은 식물이
번식하도록 도와줘.

"여기가 어디지?" 꿀벌이 윙윙거리면서 말했어. 그러더니 우리를 바라보았어. "너희는 누구니?"

"괜찮아, 여기는 숲이야." 박사님이 말씀하셨어. 하지만 나는 선뜻 말을 꺼낼 수 없었어. "나는 푸르미 박사야. 여기는 북극여우란다. 네가 여우의 콧잔등 위에서 자고 있었어."

꿀벌이 다시 날아와서 나를 쳐다봤어. 나는 겁이 나서 눈길을 피했어.

"얘," 꿀벌이 내 앞에서 붕붕거리며 말을 걸었어. "코 위에서 잔 건

미안해. 피곤했었나 봐."

"집에서 멀리 왔니?" 박사님이 꿀벌을 꼼꼼하게 살펴보며 물어보셨어. "도와줄까?"

꿀벌은 주변을 둘러보더니 조금씩 기억을 떠올리기 시작했어.

꿀벌은 무리를 지어서 살아. 개미와 비슷하지. 야생에서는 꿀을 얻을 수 있는 곳에 벌집을 지어. 사람들은 일부러 벌을 기르기도 한단다.

벌을 기르는 사람들은 양치기와 비슷하지만, 벌을 더 조심스럽게 다루고 보호해. 그래서 식물이 가루받이하도록 돕고, 생물 다양성을 유지할 수 있고, 또 정말 맛 좋은 꿀을 얻을 수도 있어.

숲속의 여러 동물

엘크   여우

농약과 환경 문제 때문에
꿀벌이 점점 사라지고 있어.
이건 정말 나쁜 소식이야.
꿀벌이 사라지면 식물이
가루받이하기가 어려워지고
동식물의 수가 줄어들 거야.

너구리

"나는 벌집에서 살아. 우리 집은 숲 반대편에 있어. 그런데 길을 잃는 바람에 피곤해졌어. 그래서 잠들었던 거야."

"괜찮다면" 박사님이 계속 말씀하셨어. "우리랑 같이 갈래? 설탕물이 더 있으니 가는 길에 먹어도 돼."

"그러면 정말 좋겠다." 꿀벌이 대답했어.

하지만 나는 박사님의 제안이 마음에 걸렸어. 여전히 꿀벌이 조금 신경 쓰였거든.

우리는 셋이서 함께 숲속을 돌아다녔어. 나는 수풀 모퉁이마다 주둥이를 들이밀고 냄새를 맡았고, 박사님은 꿀벌과 함께 이야기를 나누면서 자전거를 타고 오셨어. 박사님은 꿀벌에게 우리가 기후 변화를 공부하고 있다고 설명하셨어.

"우와!" 꿀벌이 외쳤어. "흥미로운걸!"

박사님은 숲이나 풍경도 종류가 다양하다고 알려 주셨어. 숲마다 기후도 다르다고 하셨지. 숲속에서 살아가는 동물과 식물도 서로 다르지만, 다들 어울려서 살아가려고 노력한대.

"그래서 생물 다양성이 이뤄질 수 있는 거야." 박사님이 말씀하셨어.

그런데 별안간 우리 앞에 나무둥치가 잘려나간 메마른 땅이 나왔어.

"여기에 무슨 일이 생긴 거죠?" 내가 물어봤어. 나는 이미 초록색에 익숙해져서 그런 광경을 보고 깜짝 놀랐어.

"숲에서 일어나는 문제 중 하나야. 산림 파괴라고 부르는 일이지." 박사님이 대답하셨어. "여러 기업이 나무를 베어간단다. 나무로 건물을 짓거나 가구와 종이를 만들거든……."

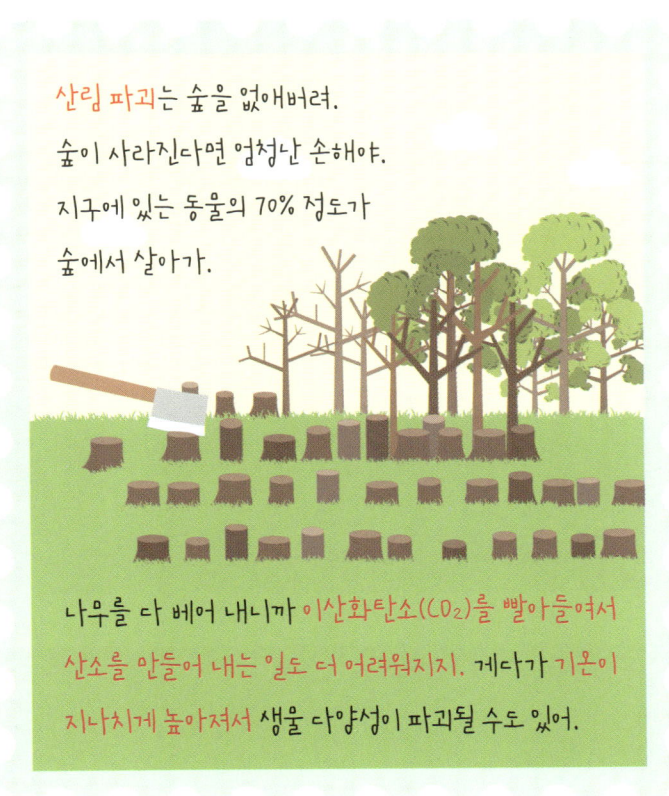

꿀벌이 이쪽저쪽 정신없이 날아다녔어. 꽃을 찾아봤지만 아무것도 없었어.

"원래 여기에 아름다운 꽃나무가 있었어." 꿀벌이 슬픔에 잠겨서 말했어. "계속 가자. 집에 가고 싶어."

아주 슬픈 여행이야.

우리는 몇 분 동안 아무 말 없이 나아가기만 했어. 그런데 머릿속에

온대 기후의 숲

열대 기후의 숲

숲은 종류가 무척 다양해. 어떤 숲은 더 따뜻하고 어떤 숲은 더 습하고 또 다른 숲은 눈에 덮여 있어. 각 지역의 기후가 달라서 숲도 이렇게 다양하단다. 서로 다른 숲은 지구의 생물 다양성에도 도움이 돼.

북쪽 냉대 기후의 숲

궁금한 점이 하나 떠올랐어.

"그러면 그저 나무를 베어 내서 산림이 파괴되는 거예요?"

"아니, 숲에 불을 지르기도 한단다." 박사님이 자전거에서 흘러나온 그림을 가리키셨어. "불이 더 위험해. 숲을 다 없애버릴 수도 있어. 불은 우리가 쉽게 통제할 수 없거든."

위험한 산불

산불은 정말로 위험해. 기후 변화 때문에 지구의 기온이 높아져서 한 번 불이 나면 끄기가 더 어려워졌어. 산불은 매년 10만 건 정도 일어나고, 160~200만 그루의 나무를 불태워 버려. 슬프게도 산불은 대체로 인간 때문에 일어난단다. 2017년 스페인 갈리시아 지방과 포르투갈에서 발생한 산불도 인간이 저지른 일이었어.

길을 따라가자 다시 나무와 수풀, 꽃이 보이기 시작했어. 꿀벌은 벌집이 어디 있나 찾으려고 덤불 주변을 구석구석 살펴보면서 날아다녔어. 그러다 벌집으로 가는 길을 발견했어.

"여기야!" 꿀벌이 다른 쪽으로 날아갔어. "날 따라와!"

우리는 꿀벌을 쫓아갔어. 그런데 꿀벌이 갑자기 멈췄어.

우리 앞에 무엇이든 휩쓸고 지나가는 커다란 물줄기가 나타났어.

"홍수가 났어!" 꿀벌이 외쳤어.

물줄기가 남아 있던 나무를 전부 쓸어 갔어. 물은 완전히 갈색이었어.

"물이 흙을 쓸어 가요." 내가 말했어. "흙탕물처럼 보여요."

푸르미 박사님은 안경을 고쳐 쓰더니 물을 살펴보셨어.

"이것도 산림 파괴 때문이란다." 박사님이 설명하셨어. "산사태를 막아주는 나무가 없어져서 그래. 게다가……."

"살려 줘! 누가 나 좀 도와줘!"

누군가가 고함을 쳐서 우리 셋은 깜짝 놀랐어. 그래서 소리가 난 쪽을 바라보자 물속에서 커다란 털 뭉치가 헤엄치려고 애쓰고 있었단다.

"곰이야!" 박사님이 외치셨어. "서두르자! 곰을 도와줘야 해."

우리는 자전거에 올라탔어. 박사님이 자전거를 조종해서 곰을 도와주려고 날아갔어.

곰은 세찬 물줄기에 이리저리 휩쓸리면서 소리치고 있었어. 우리는 물길을 따라가서 곰이 있는 곳 근처에서 멈췄어.

나무는 뿌리로 흙을 꽉 쥐고 있어. 그런데 나무가 사라질수록 흙은 점점 더 헐거워져. 이때 비가 내리면 흙이 빗물에 쓸려 갈 수 있어. 그러면 강물은 원래 물길을 바꾸게 되고 홍수가 일어나지.

"안심해!" 내가 곰에게 외쳤어. "우리가 구해 줄게."
 자전거에서 갈고리가 달린 줄이 여러 개 튀어나왔어. 곰이 어렵사리 줄을 붙잡자 우리가 줄을 끌어당겨서 물가로 데려갔단다.

우리가 땅에 내려가 앉자 곰이 물을 털어 냈어.

"휴, 털 덕분에 살았네." 곰이 말했어. "털이 북슬북슬해서 다행이었어. 고마워."

회색곰

키는 1.5m에서 2.95m까지 자라.
몸무게는 675kg까지 나가기도 해.
회색곰은 먹는 걸 참 좋아한단다. 먹이를 먹지 않을
때도 그저 뭘 먹을 수 있을지 생각해.
식물도 먹을 정도로 가리지 않고 잘 먹어.

나는 곰을 보고 놀랐어. 곰은 덩치가 아주 컸어. 이빨도 두서웠지만 그래도 곰이 우리를 해칠 것 같지는 않았어. 우리는 곰에게 인사를 건넸어.

"어떻게 물에 빠진 거야?" 꿀벌이 물었어.

곰은 꿀벌을 보더니 다시 불어난 물줄기를 바라봤어.

"나도 잘 모르겠어." 곰이 대답했어. "먹이가 있을 만한 곳을 찾고 있었는데 비가 내렸어. 그런데 갑자기 '쿵!' 하더니 물에 쓸려 갔어."

"이게 무슨 우연이람!" 꿀벌이 말했어. "나도 우리 집을 찾고 있어. 혹시 벌집 못 봤니?"

"글쎄, 모르겠어." 곰이 머리를 긁적이며 이야기했어. "예전에는 사는 게 더 쉬웠는데. 늘 먹이를 손쉽게 구할 수 있었거든. 그런데 요즘은……."

"무슨 일인데?" 내가 물었어.

곰이 나를 바라봤어.

"날 따라오렴. 그럼 무슨 일인지 알 거야."

우리는 다 함께 숲을 돌아다녔어. 몇 분 동안 좁다란 길로 나아갔지. 점점 무슨 소리가 들려왔어. 그때 곰이 덤불 근처에서 멈췄어. 그러더니 우리에게 조용히 하라며 '쉿!' 했어.

"여기야." 마침내 곰이 말했어. "봐봐."

우리는 웅크리고 덤불 사이로 보이는 풍경을 살펴봤어. 경치가 아주 달랐단다. 집과 차, 사람이 많았어. 그리고 전부 잿빛이었지.

"도시가 들어선 거야." 박사님이 말씀하셨어. "왜 우리를 여기에 데

려온 거니?"

"여기는 원래 우리 집이었어." 곰이 대답했어.

"뭐라고?" 내가 곰에게 물었어. "그럼 너도 저 건물에서 살았다고?"

그러자 모두 웃음을 터뜨렸어.

"아니야." 곰이 말했지. "나는 여기에 살았어. 다른 동물과 식물도 참 많았지. 그런데 인간이 전부 부숴 버리고 자기네 집을 저렇게 엄청나게 크게 지어 버렸어."

인간은 사회적 동물이라서 무리를 지어 살아가.
그런데 그 무리가 갈수록 커지고 있어.
그래서 건물을 더 지어야만 해.
사람들이 공간을 너무 많이 차지해서 결국에는 다른 동물과 식물이 살던 곳을 빼앗아.

인간이 세운 건물은 정말로 컸어. 하지만 거기에 사람이 많이 살지는 않았어. 그런데도 공간을 지나치게 많이 차지했지.

"인간이 오니까" 곰이 계속 이야기를 이어갔어. "식물이 많이 사라졌어. 그러자 동물들이 겁에 질려서 떠나버렸어. 나도 떠나야 했지."

"그러면 왜 돌아온 거니?" 벌이 붕붕 날아다니면서 물었어. 박사님은 곰이 들려준 이야기를 수첩에 빠짐없이 적으셨어.

"지금 사는 곳에는 먹이가 별로 없거든." 곰이 대답했어. "그런데 저거 보여? 저 양철 양동이 안에 쓰레기를 담은 봉투가 있어."

"쓰레기?" 내가 놀라서 소리쳤어.

"맞아. 인간은 저기에다 먹이를 많이 집어 던져." 곰이 입맛을 다시면서 계속 설명했어. "저기서는 그럭저럭 맛 좋은 먹이를 언제나 찾을 수 있어."

"위험하지는 않아?" 꿀벌이 물었어.

"조금. 사람하고 마주치지 않도록 늘 조심해." 곰이 말했어. "그럼, 난 먹이를 찾으러 가 볼게."

곰이 인사를 하고 쓰레기통으로 다가갔어. 다행히 근처에 인간은 아무도 없었어.

곰은 쓰레기통 한쪽으로 가서 머리를 들이밀었어. 쓰레기통 안을 샅샅이 훑어봤지. 그러더니 쓰레기봉투를 찢으려 조금씩 물어뜯었어. 마침내 쓰레기봉투를 하나 열어젖혔어.

곰은 그 자리에 앉았고 우리는 흐뭇하게 곰을 바라보았어. 곰이 우리 쪽을 돌아보더니 손을 흔들며 인사했어.

사람이 집을 짓고 도시로 만든 숲은 대부분 다른 동물들이 살던 곳이야. 그래서 사람이 오면 동물들은 집을 버리고 떠나야 해. 인간이 도시를 만들면 먹을 만한 식물과 사냥할 만한 동물이 거의 남아 있지 않거든. 떠나지 않고 남은 동물이 쓰레기더미에서 먹이를 찾는 광경은 낯설지 않을 거야.

인간이 계속 숲을 파괴하고 다른 환경 문제를 일으키면 상황이 복잡해지겠지.

버려지는 음식들

전 세계 사람들은 먹을 수 있는 것보다
더 많이 음식을 만들어.

매년 13억t 정도가 쓰레기로 버려져.

음식물 쓰레기는 보통 잘 사는 나라일수록
많이 나와. 그런데 여전히 먹을 것이 없어서
굶어야 하는 사람들도 많단다.

우리는 계속 숲속으로 나아갔어. 박사님은 아무 말 없이 생각에 잠겨 있었어. 꿀벌은 주변을 붕붕거리며 날았지.

"안타깝구나." 박사님이 침묵을 깨고 말을 꺼내셨어.

"뭐가요?" 나는 귀를 세우고 여쭤봤어.

"그렇게 많은 음식이 쓰레기로 버려지는 일 말이야……. 음식을 만들 때 이산화탄소를 내뿜거든. 그러니 음식을 버리면 환경을 두 배로 오염시키는 셈이야. 식량을 더 알맞게 분배해야 하는데."

나는 깜짝 놀라서 귀를 쫑긋 세웠어.

"요리하는 게 환경을 오염시킨다고요?" 내가 물었어. 이산화탄소는 어디에나 있는 것 같아. 음식을 만들 때도 이산화탄소가 나온다니.

"그뿐만이 아니야." 박사님이 알려 주셨어. "요즘에는 농업도 자연을 많이 파괴한단다. 거대한 농업 회사가 물을 지나치게 많이 쓰고 지구의 자원을 다 써버리는 데다 농사를 지으려고 땅을 많이 차지하고 있어."

"게다가 그런 회사는" 박사님이 계속 설명하셨어. "농약도 함부로 쓴단다."

"나도 농약이라는 말을 들어봤어." 꿀벌이 끼어들었어. "한 번은 농사를 짓는 땅 근처를 지나가는데 어지러웠어."

"수많은 농부가 논밭을 지키려고 농약을 사용해." 박사님이 말씀하셨어. "농약 때문에 일어나는 환경 오염을 막는 일은 쉽지 않단다. 농약이 바람을 타고 논밭을 벗어나 퍼지는 경우가 잦거든."

나는 자전거에서 흘러나오는 그림을 쳐다봤어.

농업

농산물을 기르는 농업 역시 이산화탄소를 대기로 내뿜어. 그러니까 만약 우리가 이 농산물로 만든 음식을 버린다면, 결국 전부 헛된 일이 되는 셈이야.
책임감을 가지고 음식을 남기지 않는다면 이산화탄소를 줄이는 데 도움이 될 거야.

그림을 뚫어지게 보고 있는데 갑자기 내 등 뒤에서 아주 크게 윙윙대는 소리가 들렸어. 나는 뒤돌아봤다가 펄쩍 뛰어올랐지.

농약

농약은 벌레와 잡초, 병균을 죽여.

하지만 환경에 해로우니까 조심히 사용해야 해.
가끔 농약이 꿀벌처럼 자연에 없어서는 안 될
곤충을 죽이기도 해. 게다가 논과 밭 너머에
있는 땅을 오염시키기도 하지.

"벌떼다!" 내가 소리 질렀어.

"드디어 널 찾았네!"

꿀벌 무리가 우리 머리 위에서 붕붕 날아다녔어. 나는 박사님 뒤에 슬쩍 숨었어. 그러자 박사님이 안심하라며 쓰다듬어 주셨지.

"우리 형제자매들!" 우리와 갓 친구가 된 꿀벌이 소리쳤어. "다시 만나니 정말 기뻐!"

"여왕님이 널 찾아보라고 우리를 보내셨어. 정말 걱정했어." 그때 벌떼를 이끌고 있던 꿀벌이 박사님과 나를 발견했어. "이 사람들은 누구야?"

"내 친구들이야. 내가 집으로 가는 길을 찾을 수 있도록 도와주고 있었어."

"정말 고마워요!" 꿀벌 무리가 다 함께 외쳤어.

"이제 너희들은 뭘 할 거니?" 우리 친구 꿀벌이 물어봤어.

"그게 말이야," 내가 꼬리를 흔들며 말했어. "박사님, 우리 다음 목적지가 어디죠?"

박사님은 자전거 계기판을 쳐다보셨어.

"바다란다." 박사님이 안경을 고쳐 쓰고 주변을 둘러보셨어. "바다로 가는 길을 찾아야 해."

"애들아!" 우리 친구 꿀벌이 큰 소리로 불렀어. "너희들 오늘 운이 좋다. 여기 나무들 너머에 강이 있어. 그 강을 따라가면 될 거야."

"그러면 우리 그 강으로 가자!" 박사님이 말씀하셨어.

우리는 꿀벌 친구와 헤어졌어.

꿀벌이 알려준 말이 맞았어. 나무를 지나서 나아가자 드넓은 강이 나타났어. 하지만 어떻게 강을 건너지?

"우리는 강을 건너지 않을 거야." 푸르미 박사님이 이야기하셨어.

"강을 타고 흘러갈 거란다."

3장

바다 세상

우리는 강물을 타고 나아갔어. 한동안 나는 숲을 바라봤고 박사님은 수첩에 뭔가 쓰셨어. 나는 몹시 설렜어. 자전거는 무척 빠르게 나아갔고 불어오는 산들바람이 상쾌했단다.

시간이 조금 흐르자 눈꺼풀이 무거워졌어. 그러다가 잠이 들었지.

눈을 떴는데 강 위가 아니었어.

"제가 얼마나 잤나요?" 여전히 시원한 바람을 느낄 수 있었지만 숲은 보이지 않았어. 우리 주변에는 하늘과 물밖에 없었어. "음…… 여기가 어디죠?"

박사님이 미소 지으셨어.

"우리 목적지에 도착했어." 박사님이 팔을 번쩍 들어 올리고 소리치셨어. "바다야!"

바다 세상

나는 어디를 바라봐야 할지 종잡을 수 없었어. 그저 바닷물밖에 없었거든. 땅이나 숲은 흔적도 보이지 않았고 아무것도 없었어. 어디를 둘러봐도 물뿐이었어. 그런데 나는 헤엄칠 줄 몰랐어.

"그러면 여기서 무슨 일을 하나요?" 내가 귀를 세우고 박사님께 여쭤봤어. "어디를 바라보든 물만 끝도 없이 보여요."

푸르미 박사님은 안경을 살짝 밀어 올리고 나를 바라보셨어.

"'물만 끝도 없이' 펼쳐진 게 아니란다." 박사님이 말씀하셨어. "바다에도 아주 다양한 생명체가 살고 있어."

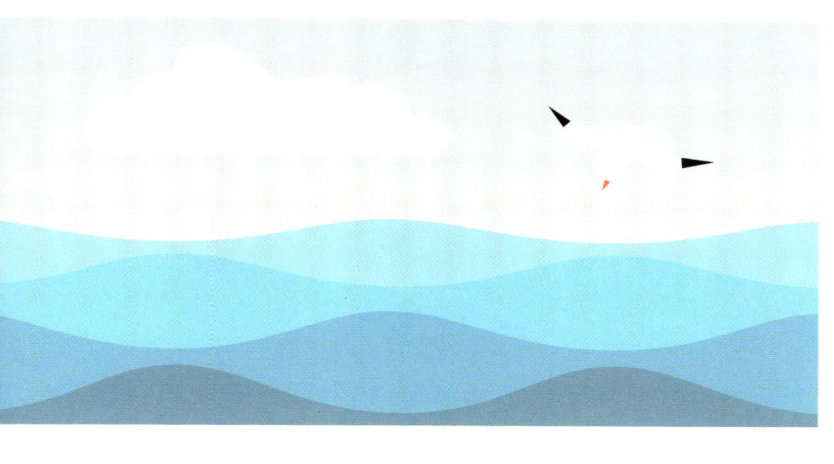

지구의 70%는 바다로 덮여 있어.

나는 조금 놀라서 바닷물을 쳐다봤어. 도대체 누가 저 물속에서 살고 싶어 할까?

"틀림없이" 박사님이 말을 이어가셨어. "지구의 생명체는 바다에서 탄생했단다."

자전거에서 바닷속 생물에 관한 그림이 흘러나왔어. 내가 이때까지 한 번도 보지 못했던 동물과 식물이 나왔지.

전부 새로워서 나는 호기심이 많이 생겼어. 그래서 열중해서 그림을 바라보았어.

바닷속 생명

생명체는 약 30억 년 전 물속에서 생겨났어.

"그러면 이렇게나 많은 물이 어떻게 생겼나요?" 내가 박사님께 여쭸어.

푸르미 박사님은 놀라서 눈을 크게 뜨더니 미소 지으셨어.

"과학자들은 바다를 이루는 물이 우주에서 왔다고 생각한단다."

박사님은 수백만 년 동안 얼음으로 이루어진 수많은 소행성이 지구에 부딪혔다고 설명하셨어. 그리고 소행성이 무엇인지도 알려주셨어. 나는 깜짝 놀라서 귀를 쫑긋 세우고 하늘을 바라봤어.

"괜찮아, 아주 오래전에 일어난 일이야."

소행성

과학자들은 수십억 년 전에 소행성이 지구에 많이 부딪혔다고 생각해. 소행성에는 얼음이 아주 많았어. 소행성이 지구에 부딪힐 때, 소행성에 있던 얼음이 지구로 퍼져 나갔고 바다를 만들었어.

나는 잠시 하늘을 쳐다봤어. 혹시 지구로 날아오는 소행성이 보일까 봐 정신을 바짝 차리려고 했지.

그런데 하늘에서는 물방울만 떨어질 뿐이었어.

"비가 올 것 같구나." 박사님이 말씀하셨어.

"비가 온다고요?" 나는 박사님을 쳐다봤어. "빗물은 어디에서 오나요?"

박사님은 웃으시더니 안경을 살짝 밀어 올리고 자전거 버튼을 몇 개 누르셨어. 그러자 투명한 거품이 나와서 우리가 비에 젖지 않도록 감싸 줬어.

"빗물은 바다와 강, 산꼭대기에 있는 물과 똑같아. 이런 현상을 물의 순환이라고 부른단다."

나는 하늘을 바라보고 나서 다시 바다를 바라봤어. 물은 내가 상상하는 것보다 더 많이 움직이나 봐.

물의 순환

비와 구름, 바다에 있는 물은 다 똑같은 물이야. 바닷물은 수증기로 변해서 하늘로 올라가고 구름을 만들어. 구름은 땅 위로 빗물을 뿌리고, 이 빗물은 호수와 강이 된단다. 그리고 강물이 마침내 바다로 흘러 들어가지.

"이 과정은 전부 온도의 차이 때문에 일어난단다." 박사님이 계속 설명하셨어. "비와 구름, 바닷물의 흐름 모두……."

나는 귀를 세우고 박사님을 바라봤어.

"바닷물이 흐른다고요?"

박사님은 자전거를 멈추고 바다를 가리키셨어. 그러자 파도가 가만히 있는 우리를 앞으로 밀었어.

"물이 움직이는 원인은 여러 가지가 있단다. 바람도 있고 온도도 있고 지구의 자전도 있지……. 물론 바닷물 그 자체가 원인이 되기도 해." 박사님이 안경을 고쳐 쓰고 눈을 크게 뜨셨어. "어떤 동물들은 바닷물의 흐름을 이용해서 먹이와 더 차가운 바닷물을 찾아 이동한단다."

바닷물의 흐름

바다는 표면이나 깊은 물속에서 계속 흐르면서 움직여. 다양한 동물과 해초는 다른 곳으로 이동할 때 바닷물의 흐름을 이용하지.

"이봐! 얘들아!"

박사님과 나는 소리를 듣고 주변을 둘러봤어. 하지만 아무것도 보이지 않았어. 잘못 들은 걸까?

"여기, 아래를 봐!" 그런데 계속 목소리가 들려왔어. "물속이야!"

우리는 자전거 너머로 바닷속을 내려다봤어. 그러자 아주 커다란 눈과 무척 작은 머리가 보였어.

"바다거북이구나!" 박사님이 외치셨어.

"나 좀 도와줄래?" 자그마한 거북이가 말했어. "이게 내 목을 휘감고 있어서 숨을 잘 못 쉬겠어."

거북이의 목에 플라스틱 고리가 감겨 있었어. 거북이의 앞발은 지느러미처럼 생겨서 헤엄치는 데 쓸모 있었지만, 그런 발로는 혼자서 고리를 빼낼 수 없었어.

박사님은 수수께끼 같은 작은 가방에서 그물을 꺼내셨어.

"이걸로 널 들어 올릴게!"

박사님이 작은 거북이를 그물로 잡아서 자전거에 내려놓으셨어. 그리고 가위로 플라스틱 조각을 자르셨지.

"와! 이제 숨 쉴 수 있어서 살 것 같아!" 조그마한 거북이가 목을 이리저리 돌리더니 네 발을 휘저었어. "정말 고마워!"

박사님과 나는 거북이에게 우리가 누구인지 소개했어.

"어쩌다가 플라스틱 고리가 목에 끼인 거니?" 내가 물어봤어.

"보통은 플라스틱을 잘 피해 다녀. 그런데 이 고리는 어떻게 피할 새도 없이 갑자기 끼였어."

바다거북

몸무게: 20kg에서 300kg까지 이르기도 해.
사는 곳: 물론 바다야. 해변에 알을 낳으러 물 밖으로 나갔다가 알을 낳으면 곧바로 바다로 돌아가.
속도: 어떤 바다거북은 시속 35km로 헤엄칠 수 있어.

"그런데 플라스틱을 많이 보니?"

"정말 많이 봐." 거북이가 말했어. "나는 플라스틱이 뭔지도 모르고 어디서 왔는지도 모르지만, 어딜 가든 플라스틱이 있어."

나는 박사님을 쳐다봤어. 박사님과 함께 여행하다 보니 박사님이라면 플라스틱이 어디서 왔는지 아신다는 걸 충분히 떠올릴 수 있었지. 그리고 내가 제대로 맞혔어.

바다를 떠다니는 플라스틱

사람들은 매년 플라스틱 800만t을 바다에 버려.

계속 이렇게 플라스틱을 버리면, 2050년에는
바다에 물고기보다 플라스틱이 더 많아질 거야.
실제로 태평양에는 플라스틱과 쓰레기가
쌓여서 만들어진 쓰레기 섬이 있어.

"인간은 플라스틱으로 물건을 많이 만들어. 비닐봉지나 포장지, 볼펜……."

"그런데 그런 물건이 어떻게 바다까지 오는 거지?" 거북이가 물었어.

푸르미 박사님은 한숨을 쉬셨어. 박사님이 버튼을 몇 개 누르시자 자전거에서 그림이 흘러나왔어.

바다에 버려지는 쓰레기

하수구에서 나오는 물은 강물로 흘러 들어가. 그리고 이 물이 결국 바다로 흘러가지.

아무렇게나 버려진 플라스틱도 하수도를 타고 바다로 들어간단다.

"플라스틱의 문제점은 쉽게 썩어서 없어지지 않고 쌓인다는 거야. 그러다가 바닷물로 흘러 들어가는 경우도 많아."

거북이와 나는 박사님 설명을 들으면서 그림을 바라봤어. 나는 박사님이 하신 말씀과 그림 내용을 믿을 수 없었어.

"너무 끔찍해!" 바다거북이 소리쳤어. "바다는 내가 사는 집이라구."

"이런 일을 막을 방법은 없나요?"

박사님은 안경을 살짝 밀어 올리고 버튼을 눌러서 그림을 바꾸셨어.

"당연히 있지!" 박사님이 대답하셨어. 그런데 기분이 조금 언짢으신 것 같았어. "인간은 플라스틱과 종이, 유리처럼 잘 썩지 않는 재료를 다시 사용하려고 재활용을 생각해 냈어."

"그렇다면 왜 아직도 바다에 쓰레기가 이렇게 많은 거야?" 거북이가 물었어.

"쓰레기가 엄청나게 많아서 전부 재활용할 수 없거든. 게다가 재활용은 귀찮거나 잘 몰라서 재활용하지 않는 사람도 많아."

바다거북이 자전거에서 콩콩 뛰었어.

"바다로 돌아가고 싶어, 돌아갈래!"

푸르미 박사님이 거북이를 잡아서 다시 바다로 돌려보내셨어.

"아, 살 것 같아! 나는 바닷속에서 사는 게 더 좋아. 쓰레기가 조금 많기는 하지만 말이야." 거북이는 눈을 크게 뜨고 말했어. "나랑 함께 갈래? 잠시 물속으로 깊이 들어갈 거야."

"멋진 생각이야!" 박사님이 대답하셨어. "그러면 여우도 바닷속 세상을 볼 수 있을 거야."

재활용

우리는 이미 사용한 물건을 재활용해서 새로운 물건을 만들 수 있어. 그러면 쓰레기를 만들지도 않고 환경 오염도 막을 수 있단다.

"바닷속에 뭔가 더 있나요?" 내가 질문했어.

"아주 많단다!" 박사님이 버튼을 누르시자 숨 쉬도록 도와주는 장치가 달린 거품이 자전거를 감쌌어.

"이러면 물속에서도 숨 쉴 수 있을 거야."

거북이가 먼저 물속으로 들어갔고 우리가 뒤를 따라갔어. 우리는 꽤 오랫동안 물속 깊이 내려갔어. 바닷속을 볼 수는 있었지만 아무것도 보이지 않았어. 그런데 물고기 떼가 불쑥 나타났어. 물고기 떼는 곧장 지나가 버렸어. 여기 바닷속에서도 뭔가가 많이 움직이는 것 같아. 하지만 짙은 파란색 말고는 아무것도 볼 수 없었어.

잠시 후 우리는 바다 밑바닥에 도착했어.

"이게 뭐죠?"

"산호초란다." 박사님이 알려 주셨어. "산호초에는 굉장히 다양한 생물이 모여 살아가. 생물 다양성을 뚜렷하게 볼 수 있지."

"맞아." 옆에서 거북이가 외쳤어. "나도 산호를 무척 좋아해."

"이런 산호초는 좀처럼 쉽게 볼 수 없어." 거북이가 계속 말했어.

"갈수록 산호초를 보는 일이 어려워져."

"맞는 말이야." 박사님이 안경을 고쳐 쓰며 말씀하셨어. "환경이 오염되고 바다로 쓰레기가 흘러 들어가면서 산호초가 위험에 빠졌어. 산호초가 사라지면 바다 밑바닥의 생물 다양성도 파괴될 거야."

또 환경 오염 때문에 생물이 멸종할 위기에 놓였어.

나는 산호초를 오래도록 바라봤어. 산호초에는 물고기와 조개, 바다

바다 밑바닥

바다 밑바닥에는 다양한 동물과 식물이 숨어 있어. 우리가 바다 밖에서 보지 못하는 아주아주 많은 생명체가 살고 있단다.

달팽이, 가재, 성게가 많았고 심지어 뱀장어도 있었어. 그곳에 사는 동물들이 많아서 무척 활기찼어.

산호

산호는 바다 밑바닥에서 무리를 이루어 살아가는 독특한 생물이야.
산호 무리 중에는 어마어마하게 큰 것도 있어.

그런데 산호초 근처에 뭔가 이상한 것이 있었어.

"저게 뭐지?"

박사님도 내가 바라보고 있는 쪽으로 고개를 돌리셨어. 엄청나게 크고 긴 파이프가 있었단다. 그 파이프는 산호초 근처 바다 밑바닥을 가로지르고 있었어.

"석유 파이프나 가스 파이프 같구나." 박사님이 말씀하셨어.

"석유…… 뭐라고요?" 내가 여쭤봤어.

"석유나 가스를 채굴한 곳에서 다른 곳으로 옮기려고 저런 파이프를 사용한단다."

나는 기다란 파이프를 쳐다봤어.

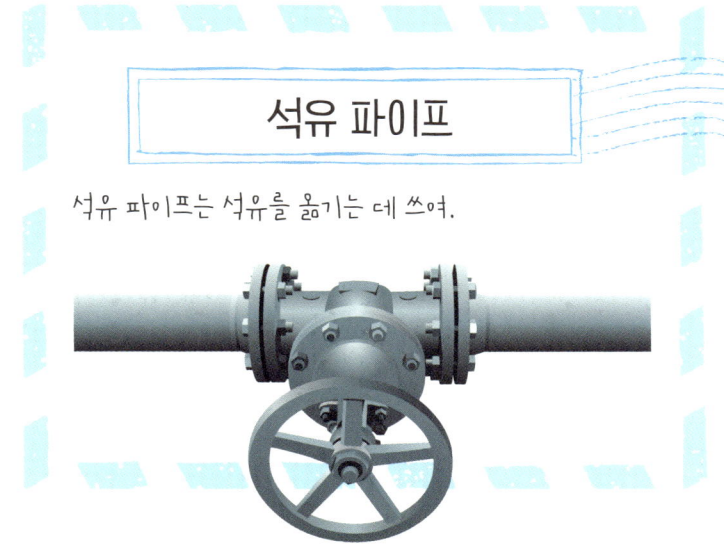

석유 파이프

석유 파이프는 석유를 옮기는 데 쓰여.

"저걸 따라 가 보자." 푸르미 박사님이 말씀하셨어. 파이프가 어디로 이어지는지 궁금하셨나 봐.

"나는 여기 있을래." 거북이가 산호초에서 노는 조그마한 물고기 몇 마리 뒤에서 헤엄치며 말했어.

"알겠어." 박사님이 대답하셨어. "우리는 파이프를 따라갈게. 가자!"

우리는 거북이에게 인사했어. 박사님이 자전거에 달린 잠수 엔진을 작동시키셨어. 그러자 자전거가 파이프를 따라서 몇 킬로미터나 나아갔어.

그런데 갑자기 자전거가 흔들렸어.

"조심해!" 푸르미 박사님이 소리치셨어.

나는 몸을 웅크렸어. 자전거에서 할 수 있는 일은 웅크리는 것밖에 없었거든. 곧 흔들림이 멈췄어.

"저걸 보렴." 박사님이 말씀하셨어.

나는 앞발로 얼굴을 다 가리고 있었단다. 박사님 말씀에 고개를 들었지. 쇠로 만든 거대한 건물이 바다 위까지 뻗어 있었어.

"석유 시추 구조물이야."

석유 때문에 이렇게 법석을 떨었는데, 나는 석유가 무엇인지 도무지 알 수가 없었어. 그래서 나는 석유가 뭔지 꼭 알아야겠다는 마음으로 박사님을 돌아보며 질문했어.

"석유가 뭐예요?"

"석유는 화석과 광물이 섞여서 만들어진 물질이야."

자전거에서 화석에 관한 그림이 흘러나왔어. 화석은 동물과 식물의 몸이나 흔적이 그대로 남아 있는 걸 가리키는 말이래.

"수천 년 동안" 박사님이 말을 이어가셨어. "화석이 주변의 광물과 섞여서 석유나 천연가스로 변한단다."

나는 아주 커다란 시추 구조물을 바라보았어. 구조물 맨 아랫부분에는 드릴이 달려 있었어.

"왜 석유를 채굴하는지 아세요?"

박사님은 안경을 살짝 밀어 올리고 수첩을 훑어보더니 버튼을 몇 개 누르셨어. 그러자 자전거에서 다른 그림이 나왔어.

석유 시추 구조물

석유 시추 구조물은 석유를 채굴하려고 땅에 구멍을 뚫어. 대체로 바다에 많아. 그래서 바다 생물에게 아주 큰 영향을 미친단다.

석유 사용

석유는 쓰이지 않는 곳이 없어.
석유로 플라스틱과 케이블, 전극도 만들어.
연료로도 사용하지.
석유로 만든 색소와 방부제가
식품에도 들어간단다.

"석유는 무엇보다 연료로 쓰인단다." 박사님이 한숨을 내쉬셨어. "인간은 에너지를 만들기 위해 천연가스도 채굴해."

나는 이제 '연료'라는 낱말에 익숙해졌어. 그래서 궁금한 점이 생겼어. "그러면 그 연료가 환경을 오염시키나요?"

석유

석유는 생물의 화석과 광물이 섞여서 만들어졌어. 끈적끈적한 기름이지.

"많이 오염시킨단다. 대기로 이산화탄소를 내뿜는 주범은 대체로 화석 연료야."

"그렇다면" 내가 생각하느라 잠시 말을 멈췄어. "화석 연료가 기후 변화에 영향을 미치겠네요."

"바로 그거야!" 박사님이 날 쓰다듬어 주셨어. "참 빨리 배우는구나."

나는 박사님의 도움을 받지 않고 정답을 찾아낸 게 기뻐서 꼬리를 살랑살랑 흔들었어. 이제 환경 오염 문제가 얼마나 심각한지 이해할 수 있었지.

우리는 석유 시추 구조물에 아주 가까이 다가갈 수는 없었어. 그 주변에는 물고기가 거의 없었단다.

박사님이 위를 올려다보셨어. 뭔가 흥미로운 걸 보셨나 봐.

"바다 표면으로 가 보자!" 박사님이 자전거를 조종하시면서 나를 쳐다보셨어. "거기서 뭔가 알려줄게."

우리는 바다 표면을 향해 올라갔어. 위로 올라가니 햇빛이 쏟아져서 잠깐 눈이 부셨어.

"저기에 유조선이 있어." 박사님이 말씀하셨어.

석유 시추 구조물 옆에 배가 지나가고 있었어. 정말 엄청나게 커다란 쇳덩어리가 물 위를 떠다니고 있었지.

"저 배 엄청나네요." 나는 배를 보고 감탄하며 외쳤어. 배는 정말로 길쭉했어. 배 옆으로 가니 우리 자전거는 시시해 보였어.

"석유를 실어나르는 배란다." 박사님이 알려주셨어. "식품이나 여러 기계와 물건을 실어나르는 배도 있어. 석유를 옮길 때는 언제나 바닷길을 이용해."

"왜 바다로 다니나요?"

"값이 훨씬 더 싸거든." 박사님이 대답하셨어. "하지만 환경 오염도 훨씬 심각해. 배를 움직이려고 연료를 아주 많이 사용하기 때문이야."

배 때문에 파도가 계속 밀려왔어. 나는 물속을 바라보다가 뭔가 흥미로운 걸 발견했어. 물에 시커먼 얼룩이 둥둥 떠 있었지. 나는 그게 무엇인지 너무 궁금해서 귀를 쫑긋 세웠어.

바닷길 운송

과학 기술의 발전 덕분에 사람을 태워 보내고 물건을 실어 보내는 일, 멀리 떨어져 사는 사람끼리 소식을 주고받는 일이 더욱 편리해졌어. 그래서 사람들은 지구 어디든 갈 수 있단다.

"바다에 기름 막이 생긴 거야." 박사님이 한숨을 쉬셨어. "이렇게 기름이 바다로 새어 나가면 환경이 오염돼."

나는 그 기름 막에서 눈을 뗄 수가 없었어. 끈적끈적한 기름이 바다 위를 덮고 있었단다. 너무 끔찍했어.

기름 유출

배를 이용하면 굉장히 저렴한 비용으로 석유를 옮길 수 있어. 그런데 배에 고장이 나거나 사고가 나면, 바다 한가운데서 기름이 새어 나갈 수 있어. 바다에 기름이 퍼지면 다시 깨끗하게 치우기가 무척 어려워.

"저걸 치우는 일은 정말 힘들어." 박사님이 계속 설명하셨어. "수많은 동물의 몸에 저 기름이 들러붙는단다. 기름을 없애려면 문질러서 닦아야 해. 게다가 불도 났구나."

나는 깜짝 놀라서 박사님을 바라보았어.

"불이요?" 내가 여쭸어. "물에서요?"

"기름이 퍼졌잖니. 기름은 불을 피우는 연료잖아. 연료가 새면 불이 날 수 있어. 물에서도 마찬가지란다."

석유와 환경 오염

석유는 몸에 묻으면 깨끗하게 닦아 내기가 몹시 어려워. 그래서 기름 유출 사고 때문에 기름에 흠뻑 젖어서 죽는 동물이 무척 많아. 기름이 묻으면 문질러서 닦는 것 말고는 방법이 없어.

박사님의 설명을 들으니까 당장 그곳에서 벗어나고 싶었어. 기름에 덮인 물도 싫었고 불이 난 곳 가까이에도 있고 싶지 않았어.

"우리 다른 곳으로 가야 하지 않을까요?" 내가 박사님께 이야기했어.

"다음 목적지로 갈까?" 박사님이 말씀하셨어. 박사님은 기후 자전거에 있는 지도를 살펴보셨어. "이 바다를 따라가면 목적지가 나올 거야."

박사님이 자전거 레버를 잡아당기시자……

쉬이이이이이이이이익! 펑!

난데없이 자전거의 불빛이 꺼졌어.

그리고 눈이 내리기 시작했어.

4장
얼음 나라

박사님은 다시 자전거 시동을 걸어 보려고 하셨어.

"왜 이러는 거야!" 박사님이 외치셨어. "도저히 안 되겠어."

나는 귀를 축 늘어뜨리고 박사님을 바라보았어.

"그럼 어떡하죠?"

"지금 자전거에 에너지가 거의 없어." 박사님이 대답하셨어. "갑자기 온도가 변하면 늘 이래. 고치려면 시간이 좀 걸리겠는걸."

박사님은 무슨 일이 생기면 입으려고 챙겨두었던 외투를 걸치고 자전거를 고칠 연장이 담긴 가방을 꺼내셨어.

"왜 이렇게 갑작스럽게 추워졌나요?" 내가 여쭤보았어.

박사님은 자전거에 달린 레이더와 지도를 살펴보셨어. 레이더와 지도는 비상 모드로 계속 작동하고 있었어.

"우리는 남극으로 가고 있단다." 박사님이 대답하셨어.

나는 박사님을 바라보고 고개를 갸웃거렸어. 박사님의 말씀이 무슨 뜻인지 잘 몰랐거든.

"남극은 지구에서 가장 추운 곳 중 하나야." 박사님이 알려 주셨어. "북극과 비슷해."

"아하!" 나는 깜짝 놀라서 귀를 세웠어. "그래서 꼭 집에 온 것 같았군요."

"그래, 그럴 거야." 박사님이 웃으셨어.

극지방

극지방은 지구에서 가장 외딴곳이야.
이곳은 무척 춥단다.

남극　　　　　북극

나는 주변을 둘러보았어. 바람은 불지 않았고 눈도 이미 그쳤어. 하지만 구름이 잔뜩 끼어 있었고 추웠단다.

"그런데 극지방은 왜 이렇게 추운가요?" 내가 귀를 쫑긋 세우고 여쭤 봤어.

"극지방은 적도에서 멀기 때문이란다. 자, 그림으로 알려 줄게."

적도

자기 남극 · 지구의 축 · 지리학적 북극점 · 적도

적도는 지구를 북반구와 남반구로 나누는 선이야.
적도는 지구에서 햇빛을 가장 강하게 받아. 적도 지방은 보통 계절이 두 가지밖에 없어. 하나는 메마른 건기이고 다른 하나는 비가 많이 내리는 우기야.

자전거에서 지구 그림이 흘러나왔어. 사막과 숲도 보였고 모래색으로 덮인 지역과 초록색으로 덮인 지역도 보였어. 그리고 무엇보다도 푸른 바다도 보였어. 그런데 내 눈길을 자꾸 끄는 지역이 두 곳 있었어. 하나는 위쪽에 다른 하나는 아래쪽에 있었는데 온통 새하얀 색이었어.

"이 흰색은 눈인가요?" 내가 질문했어.

"그렇단다." 박사님이 대답하셨어. "지구는 기울어져 있어서 극지방처럼 적도에서 가장 먼 곳은 햇빛이 그렇게 강하게 닿지 않아. 그래서 기온도 매우 낮지."

이렇게 많이 배워서 지구의 기후를 이해할 수 있다니 정말 놀랍고 멋졌어.

"극지방 주변에는 빙하가 떠다니는 북극해와 남극해가 있어."

추운 극지방

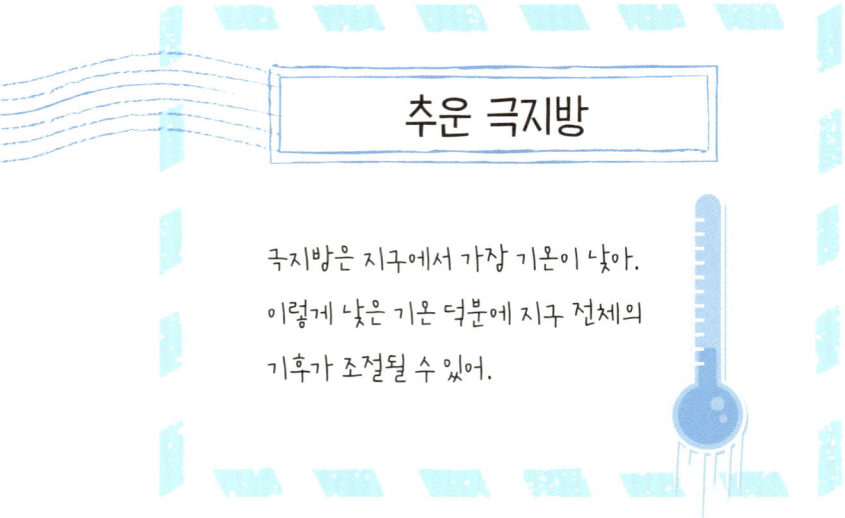

극지방은 지구에서 가장 기온이 낮아. 이렇게 낮은 기온 덕분에 지구 전체의 기후가 조절될 수 있어.

"바다가 있다고요?" 나는 신기해서 박사님을 뚫어지게 바라보았어.

"전부 얼음 아닌가요?"

"아니야!" 박사님이 깜짝 놀라서 눈을 크게 뜨셨어. "바닷물이 흐른다고 말했던 걸 기억하니?"

그럼, 당연히 기억하고 있지. 그래서 나는 꼬리를 살랑살랑 흔들면서 고개를 끄덕였어.

"똑똑하구나." 박사님이 말씀하셨어. "극지방의 물은 무척 차가워. 이 차가운 바닷물이 더 따뜻한 다른 바닷물과 섞여서 함께 흐른단다. 그래서 바닷속 생물들이 살아가기에 알맞은 온도를 유지할 수 있어."

"우와! 그러면 지구의 온도가 유지되는 건 전부 극지방의 바닷물 덕분이네요?"

"어느 정도는 그렇지." 박사님이 대답하셨어. "그리고 깊은 바닷속에 있는 차가운 물도 역시 도움을…… 어머!"

느닷없이 바다가 요동쳤어. 박사님은 자전거 손잡이를 꽉 움켜쥐셨고 나는 몸을 잔뜩 웅크렸어.

철썩! 철썩!

물살이 엄청나게 크게 갈라지더니 바다를 때렸어.

"안녕." 바닷속에서 크고 날카로운 목소리가 점점 더 가까이 들려왔어. "도와줄까?"

박사님과 나는 자전거 아래를 내려다봤어. 내 눈을 믿을 수가 없었어. 어마어마하게 커다란 지느러미가…… 우리에게 인사하고 있었어.

"고래잖아!" 박사님이 소리치셨어.

고래

몸길이: 12~16m

몸무게: 36,000kg

입에 이빨 대신 수염이 많이 있어. 수염으로 물을 빨아들이고, 물속에 있는 크릴처럼 자그마한 동물을 잡아먹는단다.

사는 곳: 전 세계 바다를 거의 다 돌아다녀. 크릴이나 물고기를 더 많이 잡아먹으려고 무리 지어서 생활해.

"맞아." 커다란 동물이 대답했어. "나는 고래야."

나는 입을 떡 벌렸어. 그렇게 커다란 동물은 한 번도 본 적이 없었어.

"어쩌다가 여기까지 온 거니?" 박사님이 고래에게 물어보셨어.

"크릴 잡으러!" 고래가 대답했어.

그러자 박사님이 날 쳐다보셨어. 나는 잘 이해하지 못하겠다는 얼굴로 박사님을 바라보았어. 크릴이라고?

"크릴은 아주 자그마한 새우야." 박사님은 내가 궁금해한다는 사실을 알아채고 알려 주셨어. "크릴은 아주 차가운 물에서 큰 무리를 지어서 살아. 특히 남극에 많이 살지."

크릴

크릴은 아주 작은 갑각류야. 새우를 닮았지.
크기: 3~5cm, 바늘과 크기가 비슷해.
사는 곳: 남극과 가까운 남반구에 아주 커다란 무리를 지어서 살아. 고래나 다른 수많은 바닷속 동물의 먹이가 돼.

"나보다 설명을 더 잘하는구나!" 고래가 말했어. "나는 지금 남극으로 가고 있어."

"우리랑 똑같네!" 박사님이 외치셨어. "우리도 남극으로 가는 중이야."

"너도?" 나는 한쪽 눈썹을 치켜세웠어.

"그럼 내가 너희들을 남극으로 데려갈게." 고래가 덧붙였어.

"멋진 생각이야!" 박사님이 말씀하셨어. "그러면 우리 자전거도 고치고 목적지에도 갈 수 있을 거야."

"그럼 남극으로 가자!" 고래가 소리쳤어. "크릴이 정말 먹고 싶어!"

고래는 자전거 바로 아래로 들어가서 머리로 자전거를 들어 올렸어. 박사님은 자전거 배터리를 손보셨고 나는 주변 경치를 바라보았지. 그런데 작은 섬이 눈에 들어왔어.

"섬이에요!" 내가 꼬리를 흔들면서 외쳤어. "저게 남극인가요?"

박사님이 그 섬을 보더니 웃으셨어.

"저건 빙산이야." 박사님이 알려 주셨어.

나는 자전거에서 흘러나온 빙산 그림을 보았어. 그리고 빙산이 점점 가까이 다가오고 있다는 사실을 눈치챘어. 빙산은 정말 커다란 얼음 덩어리였어.

"빙산은 어디에서 오나요?" 내가 질문했어.

"빙하에서 왔지." 박사님이 자전거 모터를 고치느라 소매를 걷어 올리며 대답하셨어. "기온이 올라가면 빙하에서 얼음 조각이 떨어져 나간단다. 갈수록 빙산이 많아지고 있어."

나는 빙산을 계속 바라보았어. 빙산은 무척이나 커서 전체를 다 보려면 자전거에서 이리저리 돌아다니며 살펴봐야 했어. 우리가 빙산 옆을 지나가는데……, 빙산이 더 있었어!

"고래야 조심해!" 얼음 덩어리가 아주 가까이 다가오자 내가 외쳤어. "부딪히면 안 돼!"

빙산

빙산은 빙하에서 떨어져나온 작은 얼음 섬이야.
빙하는 아주 커다랗고 엄청 무거운데, 빙하 이곳저곳에
금이 가서 조각이 떨어져 나오면 빙산이 된단다.
지구의 기온이 올라가서 빙하가 그 어느 때보다 많이
갈라지고 있어.

"진정해." 고래가 말했어. "물속에서 굉장히 조심하고 있어."
"왜 이렇게 빙산이 많은 거죠?" 내가 박사님께 여쭤봤어.

빙하

극지방에 있는 빙하는 눈과 얼음으로 만들어진 산이야.
빙하는 햇빛을 받으면 절반 이상을 반사해. 그래서 낮은
온도를 계속 유지할 수 있어.

 박사님이 배터리 상자 너머로 주변을 둘러보셨어. 탁사님은 그동안 계속 웅크리고 자전거를 고치고 계셨지. 그래서 잠시 일을 멈추고 조금 쉬면서 풍경을 수첩에 기록하셨어.
 "갈수록 따뜻해지고 있어서 그래." 박사님이 대답하셨어. "그래서

얼음이 녹고 있단다."

"그러면 남극은 갈수록 작아지나요?" 내가 질문했어.

"맞아." 박사님이 계속 설명해 주셨어. "남극뿐만이 아니야. 북극에도 똑같은 일이 벌어지고 있어."

북극곰

북극곰은 기후 변화를 막기 위한 노력의 상징이 되었어.

북극곰은 우리 친구 북극여우처럼 지구 온난화에 가장 영향을 많이 받는 동물이야. 온난화가 계속된다면, 북극곰은 2050년에 완전히 멸종할 거야.

바닷물 높이

얼음이 녹으면 물로 변해. 극지방의 빙하가 녹으면 물이 불어나서 바닷물의 높이가 올라갈 거야.
최근 몇 년 사이에 바닷물 높이가 23cm나 높아졌어. 23cm면 우리가 사용하는 A4 용지의 폭과 비슷해.
과학자들은 계속 이렇게 얼음이 녹으면 홍수가 점점 더 자주 일어나고 전 세계 수많은 도시가 물에 잠겨서 사라질 것이라고 해.

박사님 말씀을 듣자 나는 몹시 슬퍼졌어. 귀를 축 늘어뜨리고 빙산만 바라보았지. '점점 녹고 있는 남극에도 다른 동물들이 살고 있을 텐데.' 하는 생각이 들었어.

"그러면 남극 지역에 사는 동물은 어떡하나요?" 내가 귀를 세우고 여쭤봤어.

녹고 있는 얼음

기후 변화는 남극과 북극에도 영향을 미쳐. 지구의 온도가 올라가서 극지방의 얼음이 녹고 있거든. 이렇게 극지방은 위험에 빠졌어. 결국에는 지구 전체가 위험해질 거야.

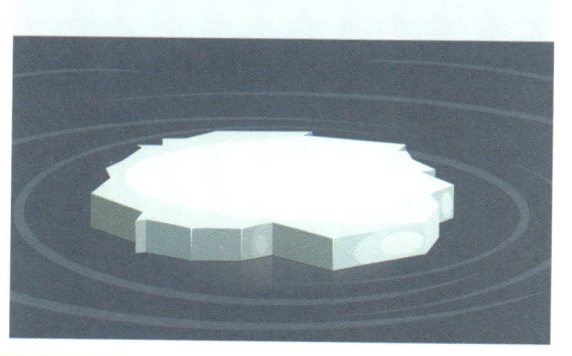

박사님은 나를 바라보더니 내 머리에 손을 얹으셨어.

"다른 곳으로 옮겨 가야만 하겠지. 어떤 동물은 남극과 더 가까운 곳으로 이동해. 어떤 동물은 우리가 지금까지 봤던 얼음 더미에 남기도 하지. 남극에는 물개와 펭귄, 새가 가장 많이 산단다."

나는 바다를 바라봤어. 고래는 아무 말 없이 앞으로 나아갔고 우리는 마지막 빙산을 지나쳤어.

"다른 문제도 있어." 박사님이 계속 말씀하셨어. "바닷물의 높이가 높아지고 있어."

나는 그게 무슨 뜻인지 여쭤봤어. 박사님은 얼음이 녹는 바람에 바닷물이 불어나고 있다고 알려 주셨어.

"바닷물이 불어나면 전 세계의 바닷가가 물에 잠길 수 있어."

"그러면" 내가 몸을 일으키고 박사님을 쳐다봤어. "극지방에서 살지 않는 동물과 식물도 살 곳이 없어지겠네요."

"그래." 박사님이 안경을 고쳐 쓰셨어. "심지어 어떤 곳에서는 여러 섬이 물에 잠겨서 아예 사라졌단다."

나는 벌떡 일어나서 박사님을 바라봤어.

"기후 변화를 막기 위해 나서야 해요."

박사님도 나를 바라보며 미소 지으셨어.

"당연하지!" 박사님은 내 귀 뒤를 살살 긁어 주셨어. 그러면 기분이 참 좋아졌어. "자전거를 고치는 대로 지구를 위해 다시 나서자. 거의 다 고쳤단다."

박사님은 다시 자전거를 수리하셨어. 우리는 고래 덕분에 몹시 차가운 물을 헤치고 아주 빠르게 나아가고 있었어. 드디어 커다란 얼음 장벽에 도착했단다.

나는 얼음 장벽의 가장 높은 곳을 계속 바라보았어.

"얘들아." 고래가 말을 걸었어. "여기에 너희들을 내려줘야겠어. 저 아래에 크릴이 아주 많거든."

박사님이 고래를 내려 보더니 외치셨어.

"이제 자전거가 작동하겠지……!"

슈우우우우우우웅!

자전거의 모든 불빛이 켜졌어. 에너지 단계도 정상으로 다시 돌아왔어.

"이제 자전거로 여행할 수 있어!" 박사님이 기뻐서 소리치셨어.

고래가 지느러미를 흔들며 인사했고 우리는 헤어졌어.

"남극에 왔네요." 내가 엄청나게 커다란 얼음 장벽을 보고 감탄하면서 말했어. "어떻게 저 위로 올라가죠?"

박사님이 미소 짓더니 자전거 레버를 잡으셨어.

"꼭 붙잡는 게 좋을걸."

자전거가 물 위로 뜨기 시작했어. 우리는 굉장히 빠른 속도로 얼음 장벽을 향해 다가갔어. 그리고 커다란 얼음장 위에 내려앉았단다. 나는 눈앞에 펼쳐진 광경을 보고도 믿을 수 없었어. 저 먼 곳에 얼음 장벽이 더 서 있었어.

"전부…… 새하얘요!" 내가 말했어.

"예전에는 더 하얬어."

남극

남극은 겨울이 되면
해가 뜨지 않아서
밤만 계속 이어져.
남극은 기온이
북극보다 더 낮아.
여름에는 영하 25℃,
겨울에는 영하 65℃ 정도야.

내 옆에서 조그마한 목소리가 들려왔어. 짜증이 난 듯한 말투였지.

"좀 비켜줄래? 나 바쁘거든."

내가 이리저리 둘러보다가 부리가 달린 까만 동물을 봤어. 그 동물은 나를 뚫어지게 쳐다보고 있었어. 어딘가 화가 난 것처럼 보였단다.

"펭귄 친구야, 안녕?" 박사님이 몸을 굽혀서 말을 건넸어. "왜 그렇게 짜증이 났니?"

"당연하잖아." 펭귄이 대꾸했어. "먹이를 찾으러 가고 있는데 너희들이 이상한 물건으로 길을 막았어. 보다시피 이렇게 짧은 다리로 걷기가 쉽지 않아. 그러니까 괜찮으면 좀……."

펭귄

물속에서의 속도: 펭귄이 헤엄치는 모습을 보면 꼭 날아다니는 것 같아. 헤엄치는 속도가 시속 60km까지 이른단다. 잠수할 수 있는 유일한 새야.

사는 곳: 펭귄은 대체로 남극에 살아. 작은 물고기를 잡아먹고 살지.

"좋아." 박사님이 펭귄을 꼭 붙잡으면서 말씀하셨어. "널 데려다줄게. 더 빨리 갈 수 있을 거야. 자전거에 타렴!"

박사님은 펭귄을 자전거에 태우고 버튼을 몇 개 누르셨어. 그러자 자전거 바퀴에서 스키가 튀어나왔어.

"이걸로 얼음을 누르면 깨지지 않을까요?" 내가 질문했어.

"괜찮아, 꼭 잡으렴." 박사님이 대답하셨어. "어디로 가지?"

"저쪽으로." 펭귄이 날개를 들어서 방향을 가리켰어.

얼음 대륙

남극을 덮고 있는 얼음층은 두께가 2.7km나 돼.

우리는 매우 빠르게 앞으로 나아갔어. 나는 얼음이 부서질까 봐 계속 걱정했단다. 발아래 땅이 무너지면 안 되잖아.

"얼음은 아주 두껍단다." 박사님이 말씀하셨어. "얼음층 아래에는 수수께끼 같은 것들이 많이 얼어 있어."

펭귄과 나는 귀 기울여서 박사님 설명을 들었어.

"수많은 과학자가 남극을 연구하려고 온단다." 박사님이 설명을 이어가셨어. "여기 얼음 아래에 수천 년 전 화석과 미생물이 있어."

얼어 있는 화석

1억 년 전, 남극은 아주 커다란 숲이었어.

과학자들은 남극에서 매머드나 검치호랑이 같은 동물과 식물의 화석을 발견했어.

"미생물이요?" 내가 목을 쭉 빼고 여쭤봤어.

"해조류나 박테리아야. 이런 것들은 수천 년 전 생명체가 어떻게 살았는지 알려 주지."

"우와!" 박사님 이야기가 정말 환상적이었어. "아직도 화석이나 미생물이 잘 보존되어 있나요?"

박테리아와 바이러스

얼음층 아래에 박테리아와 바이러스가 살아 있어. 얼음이 녹으면 '잠자고 있던' 박테리아와 바이러스 중 일부가 깨어나서 지구에 퍼질 수도 있어.

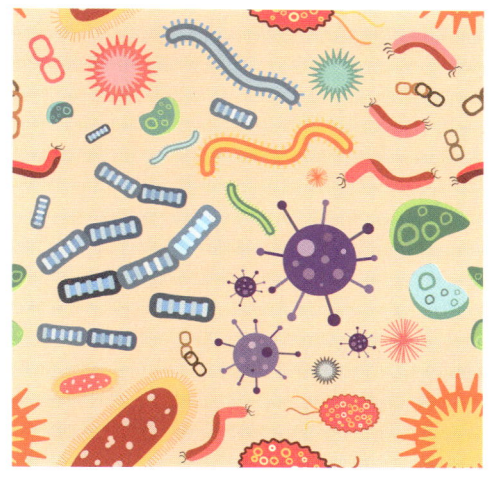

"정말 신기한걸!" 펭귄이 얼음 바닥을 내려다보며 말했어. "바닥을 관심 있게 본 적이 한 번도 없었는데."

"그래." 박사님이 말씀하셨어. "하지만 날이 따뜻해지면서 전부 위험에 빠졌다는 게 문제야."

나는 박사님이 무엇을 말씀하는 것인지 알아차렸어. 바로 지구 온난화 이야기였어.

"맞아요." 나는 꼬리를 뒷다리 사이에 감추고 말했어. "만약 얼음이 녹으면 전부 사라질 거예요."

"더 끔찍한 일이 일어날 수도 있어." 박사님이 알려 주셨어. "과학자들은 얼음이 녹는 바람에 박테리아가 깨어나서 물이나 공기 중으로 퍼질까 봐 두려워한단다."

"세상에, 그러면 안 돼요!" 내가 말했어. "북극과 남극을 지켜야만 해요."

"반드시 그래야지." 박사님이 길을 살펴보며 말씀하셨어. "문제는 기후 변화만이 아니야."

나는 깜짝 놀라서 귀를 쫑긋 세웠어.

"그게 무슨 말이죠?"

박사님은 잠시 아무 말도 하지 않으셨어.

"얼음 아래에 석유가 있는 곳이 있단다." 박사님이 다시 설명을 이어가셨어. "특히 북극에 그런 지역이 많아."

또 석유가 문제였어. 나는 얼마 전에 보았던 석유 시추 구조물을 떠올렸어. 소름이 끼쳐서 몸을 떨었지.

"얼음이 녹자, 석유를 채굴하려는 석유 회사들이 추운 극지방으로 더 쉽게 올 수 있게 되었어."

"하지만 이런 문제로 환경을 해치는 일을 줄여 나갈 수 있어." 박사님이 미소 지으며 말씀하셨어.

극지방의 석유

극지방의 얼음이 녹으면서 석유가 묻힌 땅이 드러나고 있어. 특히 북극에 그런 곳이 많아. 그러자 많은 기업이 극지방에 석유를 채굴하는 기계를 세우고 있어. 그러면 빙하 지역의 생태계가 훨씬 더 많이 파괴될 거야.

"정말요?" 내가 물었지.

우리는 모르는 새에 어느덧 펭귄들로 꽉 찬 벼랑에 도착했어. 게다가 펭귄이 점점 더 많이 오고 있었어.

극지방의 생물 다양성

극지방은 엄청나게 추운 곳이지만, 무척 다양한 동물이 살아가. 이런 동물들이 멸종하도록 내버려 둘 수 없어.

"얘들아, 저기 좀 봐!" 펭귄이 소리쳤어. "우리 벌써 도착했어!"
펭귄들은 벼랑에서 바닷속으로 곧장 다이빙했어. 펭귄 무리가 엄청

나게 컸단다. 게다가 다들 아주 빠르게 헤엄쳤어!

"정말 고마워." 펭귄이 말했어. "나는 청어를 사냥하러 가야겠어."

우리는 펭귄에게 작별 인사를 하며 물고기를 잔뜩 잡기를 빌어 주었어. 우리가 도착한 벼랑에는 활기가 가득했어. 나는 머릿속에 한 가지 생각밖에 떠오르지 않았어.

"이제는 뭘 하죠?" 내가 박사님께 여쭤봤어.

"잠시만 기다려 보렴. 거의 다 왔어……." 박사님이 미소 지으며 나를 바라보셨어. "우리는 기후 변화를 줄이는 데 도움이 될 수 있는 가장 알맞은 장소에 와 있단다."

나는 고개를 이리저리 돌려보면서 한쪽 눈썹을 치켜세웠어. 박사님이 무슨 이야기를 하시는 건지 좀처럼 이해할 수 없었거든.

"북극과 남극은 기후가 독특한 곳이야." 박사님이 안경을 살짝 밀어 올리고 말을 이어가셨어. "탐험가와 과학자들이 이곳에 많이 와서 연구하고 있단다. 극지방 덕분에 지구에 관해 많이 알아냈어."

인간의 호기심은 참 놀라워. 게다가 호기심은 사람들 사이에서 퍼져나가나 봐.

"호!" 나는 깜짝 놀라서 소리쳤어. "얼음으로 뒤덮인 이곳을 연구한다고요? 정말 신기해요!"

"남극에는 **과학 탐구 기지**가 여러 군데 있단다." 박사님이 잠시 말을 멈추셨어. "사실, 우리는 과학 기지 중 한 군데에 갈 거야. 내가 연구하고 있는 곳이란다."

믿을 수가 없었어! 나는 기뻐서 최대한 힘껏 꼬리를 흔들었어. 사람

극지방의 과학 기지

북극과 남극에 들어선
과학 기지는 기후 변화나
얼음 아래에 보존된
생물 등을 연구해.
과학 기지의 연구 활동
덕분에 많은 것들을
알아낼 수 있어.

들이 과학 덕분에 알아낸 것들을 마침내 볼 기회가 찾아왔잖아. 정말 운이 좋은 것 같아.

그런데 눈 폭풍이 몰려왔어. 박사님이 나침반을 꺼내서 방향을 확인하셨어. 우리는 자전거를 타고 바닷가에서 벗어났어. 눈 폭풍 때문에 앞이 잘 보이지 않았지만, 그래도 우리는 멈추지 않았단다.

극지방 탐험가

여러 탐험가와 과학자 들이 극지방의 극단적인 환경에 이끌려서 찾아와. 로알 아문센(Roald Amundsen)이 1911년에 처음으로 남극을 탐험했어. 아문센의 탐험 이후, 과학 기지가 들어서서 남극 환경을 더 자세히 연구할 수 있게 되었어.

우리는 둥그런 건물 앞에 도착했어.
"도착했어요!" 내가 목을 쭉 빼고 소리쳤어. "여기에 있어요!"
박사님은 이마에 손을 얹고 이리저리 둘러보셨어.

"아니야!" 박사님이 말씀하셨어. "거기가 아니야! 이쪽이야!"

박사님은 자전거 방향을 다른 쪽으로 틀어서 조금 더 가더니 내리셨어. 나는 무슨 상황인지 하나도 알 수가 없었어. 박사님은 몇 발짝 걷더니 몸을 굽히셨지.

"여기야!" 마침내 박사님이 소리치셨어. 박사님은 눈으로 뒤덮인 손잡이를 잡아당기셨어. 그러자 땅에 나 있는 문이 열렸어. "드디어 도착했어!"

5장

지구를 구하는 방법

우리는 잠시 계단을 내려갔어.

아주 깜깜해서 하나도 보이지 않았어.

"거의 다 왔어." 박사님이 말씀하셨어. 우리 앞에 문이 하나 있었지.

"준비됐니?"

나는 뭉클해져서 고개를 크게 끄덕였어. 문 뒤에 뭐가 있을까?

"가자!" 박사님이 문을 여셨어. "연구실에 온 걸 환영해."

연구실에는 환상적인 것들로 가득했어. 어항과 화분도 여럿 있었고 모형과 컴퓨터도 있었고 모니터도 많았어.

"우와!" 내가 깜짝 놀라서 입을 떡 벌렸어. "여기서 어떤 일을 하시나요?"

"여기서 연구도 하고 조사도 하고 일도 하지." 박사님이 미소 지으며 대답하셨어. 그리고 연구실 구석에 자전거를 갖다 두셨어.

나는 모형과 컴퓨터 모니터를 들여다봤어.

"그러면 이제 우리는 뭘 하나요?" 내가 박사님께 여쭸어.

연구와 개발

박사님은 컴퓨터 앞에 앉으셨어.

"이제 가장 중요한 일을 해야지." 박사님이 말씀하셨어. "온난화를 해결할 방법을 찾는 거야."

나는 한쪽 눈썹을 치켜세웠어. 박사님이 하신 말씀을 믿을 수 없었어.

"어떻게요?" 그래서 여쭤봤어. "여기 연구실에서요?"

박사님과 나는 하늘과 땅, 바닷속을 여행했고 남극도 다녀왔어.

위험에 빠진 동물도 많이 만났지. 그런데 여기 지구의 한쪽 구석에 앉아서 어떻게 온난화를 해결할 수 있을까?

"이걸 잘 보렴." 박사님이 일어나서 모형 중 하나에 다가가셨어. 눈 속에 파묻힌 콘크리트 건물 모형이었어. 꼭 핵폭탄 대피소 같았단다.

"이 건물은 '지구 최후의 날 저장고'라고 불러."

지구 최후의 날 저장고

이 저장고에는 전 세계에서 온 씨앗이 보관되어 있어.
저장고는 지진과 화산 폭발, 방사성 물질 노출도 견딜 수 있어.

나는 박사님이 알려 주신 건물의 이름을 듣고 조금 놀랐어. 하지만 박사님이 자세히 설명해 주셨어.

"이 저장고 덕분에 지구에 있는 모든 작물의 씨앗을 보관할 수 있단다." 박사님이 안경을 고쳐 쓰고 계속 설명하셨어. "저장고는 지구의 '구석', 노르웨이에 있어."

"왜 씨앗을 전부 거기에 보관해 두나요?" 내가 질문했어.

"거기는 추워서 씨앗을 가장 좋은 상태로 보관할 수 있거든."

"아하!" 내가 놀라워서 소리쳤어. "그러면 씨앗은 정말 안전하겠네요."

"꼭 그렇지만은 않아." 박사님이 덧붙이셨어. "기후 변화 때문에 저장고 주변에 있는 얼음이 녹고 있어. 얼음이 녹은 물이 넘쳐흐르고 있단다."

기후 변화 때문에 사람들이 세운 계획도 위태로워졌어.

"그러면 우리는 어떻게 문제를 해결할 수 있나요?" 나도 힘을 보태고 싶었어. "어떤 일부터 시작하면 될까요?"

"훌륭한 태도구나!" 박사님이 소리치셨어. "마음가짐이 굳은걸!"

푸르미 박사님은 서랍을 여셨어. 서랍 안에는 갖가지 내용을 적어 둔 종이가 들어 있었어.

"나는 몇 년 동안 기후 변화를 연구해왔단다. 기후 변화가 무엇 때문에 시작됐는지 정확하게 알게 됐어. 탄소를 내뿜는 일이 문제였지."

박사님과 나는 함께 여행하면서 모든 문제가 탄소를 내뿜는 일과 지구의 온도가 올라가는 일에 관련 있다는 사실을 확인했어.

온난화 해결 계획

그저 문제가 무엇인지 알아내는 것만으로는 변화를 일으킬 수 없어. 해결 방법을 찾아내고 어떻게 해결 방법을 실천할지 생각해야 해.

푸르미 박사님은 한동안 나를 바라보셨어. 나는 박사님께 어떻게 온난화를 해결할 수 있는지 답을 말씀 드리고 싶었어.

"그러면 대기로 내뿜는 탄소를… 줄여야 하나요?"

"정답이야!" 박사님이 내 귀 뒤쪽을 쓰다듬으면서 외치셨어.

"공장이 정말 많은데 어떻게 탄소를 줄일 수 있나요?"

박사님은 미소 지으셨어. 박사님은 언제나 정답을 알고 계셨지.

"탄소 발자국이 무엇인지 아니?"

나는 고개를 저었어. 곰곰이 생각해보았지만 탄소 발자국이 무엇인지 알 수 없었어.

탄소 발자국

우리는 자원이나 물건을 사용하면서 환경을 오염시켜. 하지만 플라스틱을 덜 사용하고 전기나 휘발유를 아껴 쓰면 오염을 줄일 수 있어. 그러면 탄소 발자국도 줄어들 테고 지구는 더 깨끗해질 거야.

"탄소 발자국은 우리가 생활하면서 대기로 내뿜는 탄소의 양을 알려 주는 숫자야." 박사님이 말씀하셨어. "우리는 각자 내뿜는 탄소를 줄여야 해. 그러면 대기 중에 있는 탄소의 양을 줄일 수 있겠지."

박사님 말씀은 환경을 지키는 데 도움이 많이 될 거야. 어떻게 하면 탄소 발자국을 줄일 수 있는지 더 알고 싶어서 못 참을 지경이야!

"우리 모두 대기에 있는 탄소를 줄일 수 있다는 말이네요." 내가 말했어. "어떤 방법이 있나요?"

박사님이 미소 지으셨어.

"많이 노력해야 해, 여우야." 박사님이 안경을 밀어 올리며 말씀하셨어. "우리의 습관을 바꿔야 해."

박사님은 나쁜 습관을 고쳐야 한다고 알려 주셨어. 박사님이 컴퓨터 키보드를 두드리시자 모니터에 사진이 떴어.

"사람들이 평소 하는 행동과 습관 중에는 환경을 해치는 것들이 있어. 하지만 그런 습관은 노력하면 바꿀 수 있단다."

모니터에 뜬 사진 속에는 커다란 굴뚝으로 매연을 내뿜는 공장, 도시를 달리는 자동차, 땅속에서 석유를 채굴하는 기계 따위가 있었어…….

"매연이 너무 많아요!" 내가 외쳤어. "저런 곳에서는 제대로 숨 쉬며 살 수 없겠어요!"

"네 말이 맞아." 박사님이 말씀하셨어. "건강에도 안 좋고 지구 환경에도 나쁘지. 하지만 인간의 생활 방식 때문에 저런 상황이 계속 이어질 수밖에 없단다."

"무슨 뜻인가요? 계속 이어진다고요?"

"인간은 늘 플라스틱과 기계, 과학 기술, 에너지 등을 사용해." 박사님이 모니터를 보면서 키보드를 두드리셨어. "이 모든 것들을 끊임없이 만들고 사용하면서 환경을 해치고 있어."

그래, 맞는 말이야. 인간은 행동과 습관을 많이 바꿔야 해.

나쁜 습관

지구 환경을 파괴하는 나쁜 습관은 다음과 같은 것들이 있어. 플라스틱 쓰레기를 아무 데나 버리는 일, 분리수거를 제대로 하지 않는 일, 오염된 쓰레기를 마구 버리는 일, 석유를 낭비하는 일이야.

모니터에 플라스틱과 쓰레기, 오물 사진이 떴어. 전부 박사님과 여행하면서 본 것들이었어.

"환경이 이렇게 오염되었다니 참 슬퍼요."

하지만 푸르미 박사님은 절대 포기하지 않으셨어.

"슬픈 일이지." 박사님이 말씀하셨어. "그래도 우리가 할 수 있는 일이 많아. 예를 들어 플라스틱이나 일회용품을 덜 사용하거나 재활용한다면 대기로 내뿜는 탄소를 줄일 수 있을 거야."

지구를 오염시키는 물건 줄이기

우리는 플라스틱과 깡통에 둘러싸여 있어. 플라스틱과 깡통은 수백 년이나 썩지 않아서 환경을 해쳐.

생활 방식 바꾸기

건강한 생활 습관으로 환경 오염을 줄일 수 있어.
- 친환경 음식 이용하기
- 플라스틱 사용하지 않기
- 자동차 덜 타기, 자동차 함께 타기
- 친환경 에너지 사용하기(태양 에너지, 바람 에너지 등)

나는 어떻게 대답할지 잠시 고민했어. 그런데 머릿속에 생각이 떠올랐어.

"맞아요!" 내가 신나서 소리쳤어. "그러면 공장에서도 플라스틱을 덜 만들 테고, 바다도 더러워지지 않을 거예요."

박사님은 놀란 듯이 나를 쳐다보셨어.

"정답이야!" 박사님이 말씀하셨어. "네가 여행하면서 많이 배운 걸 보니 참 기쁘구나."

"맞아요." 내가 약간 쑥스러워하며 대답했어. 그리고 계속 모니터 속 사진을 바라봤어. "그러면 어떻게 해야 플라스틱을 덜 쓸 수 있을까요? 플라스틱은 쓰이지 않는 데가 없잖아요."

"가장 쉬운 방법은 다른 물질을 사용하는 거야." 박사님이 대답하셨어. "플라스틱 용기 대신 유리처럼 더 오래가고 튼튼한 재료로 만든 용기를 사용할 수 있지."

"일상생활에서 어떻게 하면 될까요?"

"포장되어 있지 않은 음식 재료를 산다면 집에 있는 유리그릇이나 통에 담아서 보관하면 돼. 아니면 **자연 분해** 용기를 사용하면 된단다."

"자연 분해요?"

"그래." 박사님이 안경을 고쳐 쓰고 말씀하셨어. "자연 분해 물질은 자연에서 쉽게 썩어서 없어지는 물질이야. 게다가 환경을 해치지 않는다는 장점도 있어."

박사님께서 참 많이 가르쳐 주셨어. 그런데 나한테 다른 생각이 또 떠올랐어.

자연 분해

'분해'는 어떤 물질이 썩어서 없어질 수 있는 특성을 가리키는 말이야. 자연 분해 용기는 자연에 큰 영향을 미치지 않고 저절로 분해된단다. 이런 자연 분해 물질로 봉투나 상자, 용기를 만들 수 있어.

"사람들은 에너지도 많이 쓰잖아요." 내가 이야기했어. "다른 방법으로 에너지를 얻을 수는 없나요?"

박사님은 일어서서 모형 중 하나로 다가가 살펴보셨어. 나는 박사님이 화가 나셨다고 생각했어. 그런데 그게 아니었어.

"잘 보렴." 박사님이 모형을 들고 다가오셨어. "재생 가능 에너지에 관해 이야기했던 것 기억하니?"

당연히 기억하지! 내가 어떻게 잊을 수 있겠어?

"석유를 사용하지 않고도 에너지를 얻는 방법이 많단다." 박사님이 모형을 가리키셨어. "햇빛으로도 에너지를 얻을 수 있어."

믿을 수가 없었어! 햇빛으로 에너지를 만든다니!

나는 입을 떡 벌렸어.

"햇빛으로 에너지를 얻는 일은 무척 어려워 보여요……. 아닌가요?" 내가 여쭤봤어.

"어머! 절대 그렇지 않아!" 박사님이 말씀하셨어. "집에서 에너지를 얻는 여러 가지 방법 중 가장 쉬운 방법이란다. 어느 집에서든 태양 전지판을 설치할 수 있어. 그리고 햇빛만 있으면 돼."

"하지만 비가 오는 날에는요? 비가 오면 구름도 많이 끼고……"

"그 문제도 해결할 수 있으니 태양 에너지가 최고야." 박사님이 웃으며 대답하셨어. "사용하지 않는 전기를 커다란 배터리에 저장해 두면 돼. 건전지랑 비슷하지."

"우와!" 내가 소리쳤어. "그럼 비가 오는 날에는 저장해 둔 에너지를 쓰면 되겠네요."

에너지 저장하기

집에서도 알맞은 태양 전지판을 설치할 수 있어. 태양 전지판으로 평소 사용하는 전기의 양보다 더 많이 얻을 수 있어. 남은 전기는 배터리에 저장해 두었다가 필요할 때 사용하면 돼.

"게다가 석유 말고 다른 에너지를 연료로 쓸 수 있어."

"정말인가요?" 내가 귀를 쫑긋 세우고 외쳤어.

"과학 기술 덕분에 전기로 가는 차를 만들어 냈단다. 전기차 덕분에 커다란 변화가 생길 거야."

전기차

전기차는 석유를 쓰는 차보다 환경을 덜 오염시켜. 에너지를 적게 쓰고도 더 멀리 갈 수 있고, 배터리가 있어서 충전도 할 수 있어. 미래에는 모두가 전기 배터리 자동차를 탈 거야.

"맞아요!" 내가 소리쳤어. "땅에서 석유를 채굴하지 않아도 되고 매연으로 공기가 오염되지도 않을 거예요."

"이제 인간이 꼭 나쁘지만은 않다는 사실을 알겠니?" 박사님이 미소 지으며 말씀하셨어. "우리도 문제를 해결하려고 여러 가지를 발명하고 있단다."

"그럼요!" 내가 기뻐서 외쳤어. "그럼 언제쯤 모두 전기차를 사용할까요?"

"모두가 사용하는 건 오래 걸릴 거야." 박사님이 말씀하셨어. "사람들이 적응해야 하니까."

"저건 뭐죠?" 내가 다른 모형을 가리키며 질문했어. 푸른 들판에 탑이 여러 개 서 있는 모형이었어.

"**풍력 발전 시설**이야." 박사님이 모형을 집어 들며 설명하셨어. "바람으로 전기 에너지를 얻는 방법이지."

나는 모형을 꼼꼼하게 살펴봤어. 풍력 발전 시설은 태양 전지판보다 훨씬 더 커 보였어.

"집에서는 쓸 수 없을 것 같아요……."

"그럼, 물론이지." 박사님이 안경을 닦으며 말씀하셨어. "풍력 발전 시설은 엄청나게 거대한 데다 커다란 날개도 달려 있어서 넓은 곳에 지어야 해."

"바람이 저 날개를 움직이나요?"

"그래, 풍차와 비슷해." 박사님이 알려 주셨어.

"바람이 불지 않아도 에너지를 얻을 수 있나요?" 내가 여쭤봤어.

풍력 발전 시설

바람의 힘으로 전기를 만드는 시설이야.
풍력 발전에는 문제점이 있어.
발전 시설을 지으려면 땅이 많이 필요해.
게다가 시끄러운 소리를 내서
주변 환경에 영향을 미쳐.

"아니." 박사님이 대답하셨어. "바람이 불어야만 에너지를 얻을 수 있단다."

"그러면 태양 전지판이 더 낫겠어요." 내가 말했어.

"풍력 발전에는 다른 좋은 점이 있단다." 박사님이 미소 지으며 설명하셨어. "풍력 발전 시설은 농사를 짓는 너른 땅이나 자연공원에 지을 수 있어."

"그리고 태양이나 바다 같은 다른 에너지 자원을 뒷받침한단다."

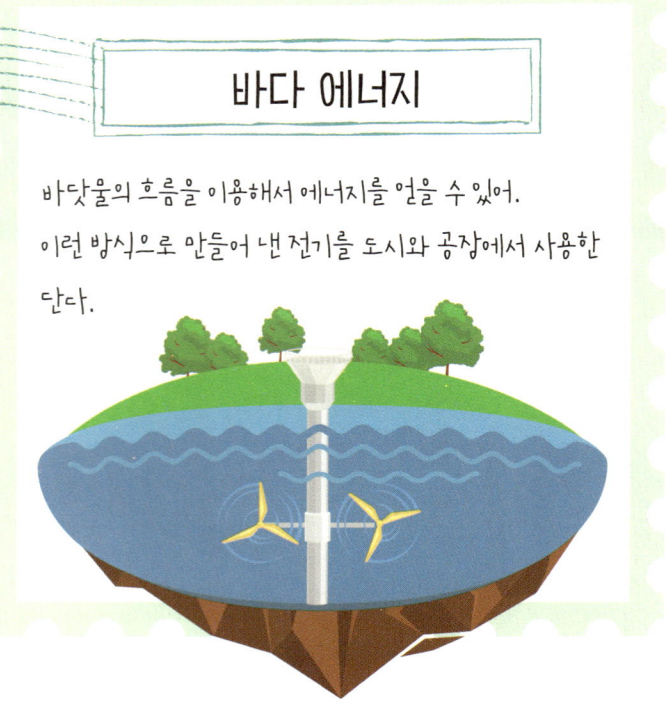

바다 에너지

바닷물의 흐름을 이용해서 에너지를 얻을 수 있어. 이런 방식으로 만들어 낸 전기를 도시와 공장에서 사용한단다.

박사님은 다른 모형도 보여주셨어. 탑이 바닷속에 들어가 있는 모형이었어.

"바다의 힘으로 에너지를 만드네요." 내가 외쳤어. "정말 놀라워요."

"바다를 활용해서 얻는 에너지는" 박사님이 덧붙이셨어. "전 세계 사람들이 모두 사용할 수 있을 만큼 많을 거야. 그러면 불평등도 끝낼 수 있겠지."

기후 변화와 불평등

자연을 덜 오염시키는 나라가 기후 변화 때문에 생기는 피해에 더 많이 시달려.

가뭄과 홍수, 장마와 태풍이 점점 잦아지고 있어. 가난한 나라가 이런 자연재해에 더 큰 피해를 본단다.

나는 호기심이 일어서 박사님을 쳐다봤어.

"사람들은 에너지가 많이 필요하지 않나요?"

"어떤 지역은 에너지를 더 많이 사용한단다." 박사님이 컴퓨터 앞에 앉으셨어. "선진국은 에너지를 많이 사용해. 그래서 환경을 더 많이 오염시키지."

나는 그제야 어떤 사람은 기후 변화에 영향을 더 많이 받고 어떤 사람은 영향을 적게 받는다는 사실을 깨달았어.

지속 가능한 개발

지속 가능한 개발은 누구나 똑같이
풍요롭게 살 수 있는 길을 찾는 거야.
사람들은 불평등한 사회와 환경에서
살지 않도록 세상을 바꾸려고 한단다.
공평하고 더 깨끗한 세상을 만드는 거야!

"그런데 기후 변화로 발생한 문제점은 개발도상국이 더 많이 영향을 받아."

나는 연구실 안을 돌아다녔어. 박사님의 환상적인 아이디어가 담긴 모형을 전부 살펴봤지. 오염되지 않고 푸른 자연이 펼쳐진 도시 모형도 있었어.

"이런 모형은 정말 보기 좋아요." 내가 말했어. "참 깨끗하네요."

"**지속 가능한 성장**이라는 아이디어를 나타낸 모형이야. 지구 환경

을 해치지 않고 누구나 에너지를 얻을 수 있다는 생각이지."

문득 우리 고향 북극이 생각났어. 얼음이 녹으면 북극이 어떻게 될지 걱정스러웠어. 하지만 푸르미 박사님처럼 많은 사람이 기후 변화에 맞서 노력하고 있다는 사실을 떠올리고 마음을 놓을 수 있었지. 나는 집이 그리웠어.

"그러면…… 전 어떻게 집에 돌아가나요?"

"벌써 집에 가고 싶니?" 박사님이 물어보셨어.

"그런 건 아니지만……." 내가 대답했어.

"집을 떠나온 지 너무 오래됐어요."

"그렇구나." 박사님이 말씀하셨어. "그동안 재미있었지, 안 그래?"

"재미있었어요." 내가 말했어. "그리고 많이 배웠어요. 사람들이 마음을 맞춰 약속한 대로 계획을 잘 지킨다면 기후 변화를 막을 수 있을 거예요."

"나도 그렇게 생각한단다." 박사님이 안경을 고쳐 쓰며 말씀하셨어.

"너를 눈 깜짝할 새에 집으로 돌려보낼 방법이 떠올랐어. 저기에 앉아보렴."

박사님은 자전거를 가리키셨어.

"여기요?"

"그래 거기야." 박사님이 나한테 와서 꼭 안아 주셨어. "네가 많이 그리울 거야."

박사님이 자전거에 있는 버튼을 몇 개 누르셨어.

"저를 보러 오실 거죠?"

"물론……." 박사님이 말씀하시는데 여러 가지 색깔을 띤 빛이 주변에 나타나고 윙윙거리는 소리가 들렸어.

"무슨 일이에요?" 내가 소리쳤어. 앞이 하나도 보이지 않았어. 빛 때문에 눈이 너무 부셨고 윙윙대는 소리에 아무것도 들을 수 없었어. 도대체 무슨 일인지 알 수가 없었지. 나는 눈을 꼭 감았단다.

몇 초가 흐르자 조용해졌어. 그리고 차가운 공기도 느낄 수 있었어.

눈을 살며시 떴지. 눈이 내리고 있었고 추웠어.

나는 집에 돌아온 거야.

이야기를 마치며

　박사님과 여행을 떠난 후로 시간이 꽤 많이 흘렀어. 친구들은 우리 여행이 어떤 것 같니? 박사님과 나는 모험을 많이 했어. 친구들도 그렇게 생각하지? 나는 지구와 기후 변화에 관해서 정말 많이 배웠어. 우리 친구들도 많이 배웠을 거야. 그렇지?

　나는 북극으로 돌아와서 예전과 다름없이 잘 지내고 있어. 밥도 먹고 잠도 자고 다른 동물 친구들과 눈 속에서 즐겁게 놀고 있지.
　우리 모두 기후 변화를 멈추려는 노력에 참여할 수 있어. 아무리 작고 어려도 할 수 있단다. 재활용하기와 친환경 에너지 쓰기, 건강한 음식 먹기, 그리고 무엇보다도 자연 보호하기는 누구나 할 수 있는 일이야.

　박사님과 여행하고 나서 우리가 함께 뜨거운 지구의 온도를 낮출 수 있다는 희망을 품었어.
　이제 우리 친구들도 많이 배웠으니, 친구들이 직접 지구를 구하는 여행을 떠날 차례야.
　즐겁게 여행하길 바라!